课堂教学新样态丛书

丛书主编 杨四耕

任务驱动与学科实践

许 艳◎主编 张丽芳◎副主编

华东师范大学出版社

·上海·

图书在版编目（CIP）数据

任务驱动与学科实践/许艳主编；张丽芳副主编. —上海：华东师范大学出版社，2024
（课堂教学新样态丛书）
ISBN 978 - 7 - 5760 - 4775 - 2

Ⅰ．①任⋯ Ⅱ．①许⋯②张⋯ Ⅲ．①课堂教学—教学研究—小学 Ⅳ．①G622.421

中国国家版本馆 CIP 数据核字（2024）第 054614 号

课堂教学新样态丛书

任务驱动与学科实践

丛书主编　杨四耕
主　　编　许　艳
副 主 编　张丽芳
责任编辑　刘　佳
特约审读　汤丹磊
责任校对　刘伟敏
装帧设计　卢晓红

出版发行　华东师范大学出版社
社　　址　上海市中山北路 3663 号　邮编 200062
网　　址　www.ecnupress.com.cn
电　　话　021 - 60821666　行政传真 021 - 62572105
客服电话　021 - 62865537　门市（邮购）电话 021 - 62869887
地　　址　上海市中山北路 3663 号华东师范大学校内先锋路口
网　　店　http://hdsdcbs.tmall.com/

印 刷 者　常熟市文化印刷有限公司
开　　本　787 毫米 × 1092 毫米　1/16
印　　张　11.5
字　　数　140 千字
版　　次　2024 年 4 月第 1 版
印　　次　2024 年 10 月第 2 次
书　　号　ISBN 978 - 7 - 5760 - 4775 - 2
定　　价　42.00 元

出 版 人　王　焰

本书编委会

主　编

许　艳

副主编

张丽芳

成　员

毛婷婷　金　珏　贾　菲　单晓斌

朱晓丽　范丽丽　陈　璘　王　洵

王维纳　马作婷　洪思琦　徐　蕾

胡天歆　李　娟　沈颖新　吉　莉

丛书总序

被重新定义的课堂

苏联教育家赞科夫在《教学与发展》一书中指出：课堂教学必须"使班上所有的学生都得到一般发展"。也就是说，课堂教学要引导学生在认知、情感、技能等方面发生整体改变，在思维方式、情感体验、思想境界、为人处世等维度发生实质性变化，课堂教学应释放出生命感、意义感、眷注感、智慧感、美妙感、意境感、期待感……

长久以来，我们的课堂特别重视知识传承，以致许多学生能从容应对考试，却在生活中显得无能。有一位德国专家说："你们的教科书比我们的教科书厚，你们的题目比我们的题目难，但是你们得买我们的货。"这句话给我们的教育敲响了警钟，值得每一个人思考：请给知识注入生命，用经验激活知识，用智慧建构知识，用情感丰富知识，用心灵感悟知识，用想象拓展知识，让知识变得鲜活，让孩子们领悟到生命的伟岸！课堂教学是思想与思想的碰撞，是心灵与心灵的相遇，是生命与生命的对话，让我们用热情去拥抱课堂——课堂是眷注生命的地方。

我们必须清醒：如果把揭示人生的意义看作是认识论的任务，我们就永远不可能把这个意义揭示出来，因为，知识的增长并不一定使生活变得完美。当认识、知识成了第一性的东西，情感和意志便成了奴仆。这样，一个人受的教育越多，他的思想就越会被包裹在一层坚实的知识硬壳之中。其实，臻达人性完美需要"另一种"教学，这种教学与理解联姻，教学本身即理解，理解本身即教学。教学是生命意义的澄明，使人不断地自我超越，"不停地'进入生活'，不停地变成一个人"。说白了，课堂里蕴含着"人是什么"的答案。因此，在一般意义上，教学即对理解的自觉追求；在终极意义上，教学即理解。它们共同揭示了一个深刻的道理——课堂是善解人意的地方。

俄国教育学家乌申斯基曾经说过："教育的主要目的在于使学生获得幸福，不能为了任何不相干的利益牺牲这种幸福。"诺丁斯也提过："好教育就应该极大地促进个人和集体的幸福。"课堂教学是师生双边活动，没有教师幸福地教，也就没有学生幸福地学。当老师和学生积极参与到课堂教学之中，让生命释放意义感，他们就能在丰富多彩的教学活动中成长，获得生命意义上的幸福感。幸福是人类的永恒情结，课堂教学不仅应给人高品位的精神生活，而且应给人高品位的幸福体验。从一定意义上说，课堂是守望幸福的地方。人的一生能否过得幸福，很大程度上取决于他今天在课堂生活中能否获得幸福。这或许就是课堂教学的深刻意义所在。

我们的课堂善用纪律规范行为，用训练规约思想，却漠视人的情感与独特感受，课堂因此没有了盎然的生气。课堂理应是春暖花开的地方，宁静，安全，温馨，轻松。在这里，有家的感觉，不用担心"万一说错了怎么办"，孩子们敢于说"我有不同的想法""老师，你讲错了"；在这里，孩子们不怕"露怯"，不怕"幼稚"，能道出困惑，能露出观点，能形成质疑；在这里，有诗情画意，有奇思妙想，有思维碰撞，有情景，有灵气，课堂因此有了一种奇妙的意境感。

课堂也是为放飞梦想而存在的。孩子们充满想象，面对这个世界，他们无拘无束，内心有太多美好的期待。他们渴望走向社会，走进自然。课堂是广袤的天地，上下五千年，纵横数万里，任你穿越。课堂中心、书本中心、教师中心，多么不堪一击！课堂教学要回归曾经远离了的生活世界，穿越时间隧道，把过去、现在、未来浓缩在一起，跨越空间的界碑，让孩子们享受人类文明的成果。由此，课堂是凝视梦想的地方，这里有未来，有远方，有充满张力的诗……

怀特海说："教育的目的只有一个主题，那就是五彩缤纷的生活。但我们没有向学生展现生活这个独特的统一体，而是教他们代数、几何、科学、历史，却毫无结果……以上这些能说代表了生活吗？充其量只能说那不过是一个神在考虑创造世界时他脑海中飞快浏览的一个目录表，那时他还没有决定如何将它们合为一体。"怀特海的观点是令人深思的：知识并不代表生活，生活需要智慧。很多时候，课堂与知识无关；课堂是一种态度、一种生活。有什么样的态度，就有什么样的生活。课堂教学的核心意义在于传递生活态度，让孩子们彻底明白：生命的厚度在于拥有静谧的时光，让心灵溢满宁静与幸福。这样，提高课堂教学有效性，就不再是让课堂的每一分钟都压得学生"喘不过气来"。无论如何，我们应该懂得，课堂是一个酝酿牵挂的地方。

派纳在《健全、疯狂与学校》一文的结语中说："我们毕业了，拿到了证书却没有清醒的头脑，知识渊博却只拥有人类可能性的碎片。"这多么令人深思啊！当人的需要、价值、情感被淹没在单纯的知识目标之中，生命感在这里便荡然无存。将课堂教学视为纯粹的认识活动，片面发展人的认识能力，看不到人的整体"形象"，特别是作为"在场的人"的"整体形象"被抽象；放眼世界，人之精神远遁，迷失于庞大的"静止结构"，这便是"教学认识论"的"悲剧范畴"。其实，课堂是一个意义时空，教学即谈心，学习即交心。当我们真正把学生看作活生生的人，就会发现：原来，课堂是点亮心灵的地方。

课堂教学是富含智慧和艺术的活动。只有把教师的主导性和学生的主动性都激发出来，才能算作真正的课堂教学。说白了，课堂是智慧碰撞的地方。课堂教学要善于抓住转瞬即逝的思维亮点，促成智性的提升和灵性的妙悟。如何围绕教学目标，理清教学思路，选用教学方法，驾驭教学机制，促进孩子们智性跃迁与灵性发展？如果我们只是单纯地传授知识，教师拼命讲，学生认真听，被动地接受，长此以往，学生的大脑便会"格式化"，发展便得不到真正的保障，他们只能在大脑中形成直线型知识反馈通路，无法呈现富有生命情愫的、饱满的人的形象！

对于课堂，我们可以有无穷的定义。一位哲人曾经说过"一种文化首先意味着一种眼光"，"眼光不同，对所有事情的理解就不同"。当课堂被重新定义的时候，当我们真切地回归课堂教学人文立场的时候，检视课堂教学的"眼光"便有了新的角度，课堂教学便有了新的样态。

杨四耕

2022 年 9 月 20 日于上海市教育科学研究院

目录

　　任务群是围绕单元教学主题而创设的相对独立又相互联系的主题任务集合。单元任务群是在整合单元学习内容的基础上，淬炼单元学习主题，围绕单元学习主题设计的带有真实情境的学习任务集合体。单元任务群教学有利于儿童在真实情境中，通过多种学习方式，综合运用知识和技能完成学习任务，形成迁移性观点和方法，发展解决问题的能力，提升学习品质。

　　任务脉是由系列式任务驱动生成的学习过程，就好比植物的叶脉，有主脉和侧脉。任务脉教学以单元为单位，将相互关联、先后有序的教学内容组合，是基于学科核心素养，按照学科知识逻辑结构和儿童认知规律，以相关主题与任务为线索的教学。任务脉教学有利于发展儿童的学习能力、思维能力、实践能力和创新能力，帮助儿童形成尊重事实、乐于探究、与人合作、关爱生命与自然的科学态度。

第三章　任务梯：步步深入的层进学习　/ 53

任务梯是根据儿童的个性差异、结合所学知识进行设计的阶梯式任务。任务梯中的每一个任务都具有适当的难度，具有层次性，是以由易到难、步步深入的形式呈现的。任务梯有利于儿童带着任务循序渐进地学习，使之不断处于思考和探索的学习状态。针对不同水平的学习者，需要设计不同的任务单。一节课中的任务的难度层层递进，有利于激发儿童的好胜心，调动儿童的学习兴趣。

第四章　任务串：框架建构的统领学习　/ 73

任务串是立足统领性学习任务，根据教学内容而设计的一系列极富个性和吸引力的关联性学习任务。每一个子任务都是为了解决统领性学习任务而存在的，内容循序渐进，符合儿童认知水平，符合学科教学逻辑。任务串有利于激发儿童学习自觉，增强学习主动性；有利于引导儿童探索学科逻辑、掌握学科知识、培养学科思维，提升学习品质。

第五章　任务圈：情境导引的渐进学习　

人类的认知结构是在"平衡—不平衡—新的平衡"的循环中不断发展的。任务圈是由任务目标、内容、实施和评价构成的循环圈，任务圈的设计倡导目标、内容、实施和评价设计的一体化，各个环节之间相互独立又相互影响。任务圈教学模式要求教师精心设计任务，每个任务均含有一个新知识点和认知冲突，兼顾任务的基础性和开放性。儿童在完成任务的过程中，积极主动地探索各种解决任务的途径，并且选择最佳方案。

第六章　任务链：螺旋结构的链式学习　/ 117

　　任务链是围绕教学目标设计的具有结构性、逻辑性和适切性的一组任务序列，其中的每个任务都指向一个教学目标。任务链根据儿童的思维水平和最近发展区进行设计。教师将教学目标分解，设计若干个前后逻辑关联紧密、层层递进的学习任务。这一系列任务围绕着核心素养，连接起来就构成了一个链式整体。任务链从儿童的思维出发，引导儿童自主探究，充分体现了教学过程中儿童的主体地位，让儿童在情境中、活动中有所收获，达到对知识内容的深刻理解。

前言　指向学习品质提升的任务驱动教学

　　上海同济黄渡小学秉持"向着美的方向生长"的办学理念，积极构建"尚美"学校文化，培养"会做人、会求知、会发展"的"黄小"人。学校作为嘉定区重大项目"聚焦学生学习，提升课堂品质的区域行动"实验校之一，初步完成了凸显学科特征、细化教学目标和任务驱动原则的"美丽课堂"建构。①

　　学校基于新课程的课堂教学和"尚美"学校文化背景，持续倡导"崇尚发现之美"，在发现学科之美（语文学科"语言美"、数学学科"逻辑美"、英语学科"融合美"、综合学科"创意美"）的课例研究和将任务驱动方式嵌入项目化的实践研究中，遵循课程和教学的基本规律，发挥课程的育人功能，构建大概念统领的课程内容体系，重视开展核心素养导向的学科教学，将抽象的目标逐步分解为具体的单元、教学目标，使教师理解并践行从教书走向可操作的育人路径。学校努力实现学科育人、课程育人相匹配的课堂转型，创建真实的教学环境，引导学生在其整个学习过程中展现出学习态度、学习习惯、学习能力以及学习素养等，增强学生认识问题、建构知识、运用知识的能力，结合成果、结果、行为导向的表现评价，塑造积极的内在学习动机以及健康向上的情感、态度和价值观。学校提出指向学习品质提升的任务驱动教学，从培养目标到课程标准再到教学目标的层级化的树人目标体系逐步显现。

一、任务驱动教学的价值和挑战

　　从教学模式与教学方法的维度重新审视任务驱动的价值与意义，就可以在教学的指导思想上与建构主义、实用主义等教育理论保持联系，形成比较稳定的结构形式，通过"任务目标分析、任务情景设计、任务完成过程、任务评价

---

① 王冰清，杨四耕. 提升课堂品质的策略与方法［M］. 上海：华东师范大学出版社，2021：78—98.

机制"等来引导教学，体会学生自主性，完成对知识与技能体系的构建。但是，这样往往会导致教条主义。而将任务驱动归属于教学方法，就能够淡化任务驱动的框架，突出任务的引导性和范例性的作用，使任务驱动的局部功能灵活加强。在教学中，教师精心地分析教学目标，然后将目标巧妙地蕴含于学生感兴趣的内容中，设计成具有趣味性、实用性的任务，以调动学生积极参与、满足学生的求知欲。这种意义优先、以任务完成为主、评估基于任务完成与否的导向，是设计任务的关键所在。这是任务驱动教学的价值底线，也是教师们在课堂上要牢记的。

任务驱动教学法就是在真正实施教学过程中，把教学内容转化为一个或多个子任务，通过创设情境引入主题、任务下达及完成的体验过程，学习知识和技能，培养学生提出问题、分析问题、解决问题的综合能力，让学生在完成这些任务的过程中达到学习目标。

任务驱动教学法以"任务为主线、教师为主导、学生为主体"为基本特征，序列化的任务设计是任务驱动教学法的核心，任务完成是教学完成的标志。大、小任务作为主线贯穿于整个教学过程，实现了师生与任务的互动。

对学生来说，主动权让渡给自己，能在任务驱动下真正地解决一个问题，在解决问题的过程中不仅充分调动自己已有的知识储备，而且以现学现用、边学边做的方式经历新知识的学习和新能力的生成，最终又以成果和评价的形式呈现整个活动的所得，是有价值感的。

对教师来说，设计和实施任务驱动教学有新鲜感，也有迷茫感。从设计到实践任务驱动教学，很多教师经历了从接触到接受、从迟疑到认同、从不会到会的过程。教师在介入的不同阶段会遭遇不同的问题，这些问题的解决过程即教师融入品质课堂的过程。

二、 基于学科特点的学习任务序列

任务驱动教学分为任务设计和任务实施两方面。任务设计，即教师以学生为本，立足学生学习，针对学习内容而设计一系列学习任务（包括设计学习活动、步骤；设计基于问题学习情境中的问题、活动或主题；设计活动基本流程和步骤、活动监管规则、活动评价规则等），是和教学任务相对的，在学习目标导向下的一系列教学环节。任务实施，即在学习过程中，学生在教师的指导下，根据学习任务群的特点，紧紧围绕任务活动中心，在强烈的任务动机的驱动下，通过对学习资源的积极主动应用，进行自主探索和互动协作的学习，并实现学习目标。

任务驱动教学的核心是任务（序列）设计。任务（序列）即一系列有逻辑关系和结构的任务的组合。结合学科特性，我们梳理出六种任务序列结构：

任务群：先淬炼单元学习主题，找到主题任务，再设计子任务。任务群关注学习任务的内在关联与方法，进而帮助学生建构一个单元的整体性的学习活动。

任务脉：基于儿童认知规律，按照学科知识逻辑结构，以单元为单位，将相互关联、先后有序的教学内容组合，由系列式任务驱动生成学习过程。

任务梯：根据学生的个性差异，结合所学知识进行设计的阶梯式任务。任务具有可行性、探索性和层次性，由易到难，步步深入，以阶梯形式呈现。

任务串：先建构总体框架，再立足统领性学习任务，根据教学内容细化设计一系列极富个性和吸引力的子任务和关联性学习任务，任务循序渐进。

任务圈：倡导任务的一体化设计，由任务目标、内容、实施和评价构成循环圈，各环节相互独立又相互影响。在一个教学情境下，由总任务引领，子任务前后衔接。

任务链：以"四基""四能"为双螺旋主线，以核心素养为双螺旋中心轴，围绕教学目标设计的具有"发现—分析—解决"逻辑结构的学习任务序列。

三、 指向学习品质提升的任务驱动教学

在课堂中引发真实性学习，学生能够主动、持久地投入学习，对学习任务保持高涨的热情，通过多种学习方式、学习情境，综合运用知识和技能完成学习任务，形成迁移性的观点和方法，发展解决问题和创造的能力，体现"表达美""思维美""探究美""融合美"，达成快乐的学习体验，即学校关注的学习品质。

关注学生的学习历程，是任务驱动教学基本的出发点。任务是学习历程的载体。我们以任务群、任务脉、任务梯、任务串、任务圈、任务链为载体，建构学生学习历程，回应以核心素养为导向的义务教育新课标对教学提出的新要求、新挑战，在课堂教学上探寻把知识转化为素养的机制，并根据核心素养形

成的规律优化育人方式、开展教学活动，使教学过程真正成为核心素养形成的过程。这种以核心素养为导向的教学就是我们要建立的指向学习品质提升的任务驱动教学。任务驱动教学的核心要点有以下两方面。

（一）变革教学关系，以学生为主体，建设品质课堂

1. 精炼学科主题，深入行动研究

积极的学习品质的形成和塑造需要教师的专业支持。学校分学科规划子项目，进行任务设计及策略研究，制定项目实施计划，引领团队成员展开研究。观念改变是行动改变的前提和开端。在行动研究中，教师对于学习品质的认知不断发展，从重视"学到什么知识"走向"如何探究学习这些知识"，在教学情境创设中，凸显学生在教学中的主体地位，解决传统课堂格局性和结构性的问题，教会学生如何学习，发展学生核心素养。

2. 精细培养目标，明晰评价指征

围绕学校学生的培养目标"使学生成为会做人、会求知、会发展的'小龙人'"，对应嘉定区三年行动计划"想学、会学、乐学"的学习品质，结合上一轮品质课堂的研究成果，我们确定了上海同济黄渡小学学习品质内核要素——"表达美""思维美""探究美""融合美"，制定了评价指征和评价观察点（见表0-1）。

表0-1 上海同济黄渡小学学习品质指征和评价观察点

要素	指征	表现（观察点）
表达美	学会积极倾听	1. 别人发表意见时，能注视说话的人，不插嘴 2. 听懂的时候能够用点头、微笑或语言回应，不懂的时候能够澄清或提出问题 3. 能整合听到的信息，听出重点和主题，并能扼要复述倾听的内容
	规范口头表达	依据学科课程标准
	规范书面表达	依据学科课程标准
	展示学习成果	1. 生成学习成果：生成以演讲、绘画、表演和手工制作等为主要成果类型的学习成果

要素	指征	表现（观察点）
		2. 解释学习成果：对自己的成果进行解读，表达自己成果的制作依据、内在逻辑、价值意义等
思维美	掌握核心概念	依据学科课程标准
	生发问题意识	1. 对任务情境进行多个角度的辩证的思考 2. 能够提出有理有据的质疑 3. 问题明显呈现，表达清楚，指向明确
	形成敏捷思维	1. 能应用科学的思维方法（工具）进行敏捷的判断和推理（分类、对比/类比、归纳、演绎、因果分析等） 2. 能应用形象化思维（工具）开展丰富的想象
	内化学科思维	依据学科课程标准
探究美	理解学习目标	了解学习目标所指向的能力与品格要求，并期望能够实现
	践行持续探究	1. 运用分析、创造、问题解决等高阶思维参与学习任务 2. 完成任务过程中，遇到困难不放弃，积极尝试，提出解决方法
	善于评价反思	1. 对自己的学习状态进行审视，并总结经验 2. 根据自身经验以及学习情境的变化，调整学习行为 3. 基于教师、同伴和家长等的建设性意见，修正学习过程及学习作品
融合美	主动互帮互助	1. 能够运用同理心感知别人的困境，并提供主动帮助 2. 遇到困难，能主动和得体地表达求助需求
	合作解决问题	1. 能根据任务要求，确定解决问题的步骤和每个人的分工与职责 2. 能认识到和尊重别人的不同观点，并积极沟通，寻求达成共识
	有效情绪管理	1. 能识别、理解和表达自己的情绪 2. 能管理自己学习过程中的负面情绪

3. 精心课堂观察，分析学习品质

课堂观察是引导教学变革的重要手段。为了让"学为中心"的理念真正落地，依据校本化评价指征，我们设计了学生学习品质课堂观察记录表，重点观察学生课堂表现，分析在任务驱动下学生的"学"是否达到预定评价指征，促进课堂观察的评价有序、有效。

4. 精准项目主题，优化工具量表

为了更加明晰每个学习任务的目标、内容、评价等，我们设计了任务属性表（见表0-2），用以分析、验证任务设计与实施是否围绕核心素养展开。

表0-2　任务属性表

任务属性	说明					分类
任务名称		任务难度		任务编号		
学习目标						
预期成果（表现）	封闭：有标准答案　□ 开放：无标准答案　□					封闭/开放类
评价方式	口头提问□　　　　纸笔测试□ 表现性评价□　　　论述□ 交流评价□　　　　个别交流评价□					
任务类型						
学习时间						
学习内容（材料）						
活动1	内容					自主/合作类
	学习方式	自主□　　合作□				
活动2	内容					
	学习方式	自主□　　合作□				
……						

任务属性	说明	分类
学习环境	线上□　线下□　线上＋线下□	线上/线下/线上线下结合
学生角色	分组方式：异质□　同质□　随机□ 角色分工：	

　　为了观察学生学习行为和教师教学行为，判断所设计的学习任务的适切度和达成度，从而提出改进的建议，我们设计了学习任务课堂观察表（见表0-3），注重对教学任务设计的观察。

表0-3　学习任务课堂观察表

任务设计	观察对象	观察综述	改进建议
任务1	学生学习行为		
	教师教学行为		
任务2	学生学习行为		
	教师教学行为		
……			

5. 精研课例实施，助推品质提升

　　学校项目组以"课"为着眼点，教、学、研同期互动。各教研组以"四美"为着眼点，备课组先认领一个或多个"美"作为本组重点研究观察点，组内进行课堂实践，再将教研活动与科研活动并线整合，每月围绕一个重点课例进行教研组研讨。

　　通过教师单人独立钻研教材、设计任务—组内说课、改进—第一次试教

（组员分角色观课）—组内研讨（针对观察表反馈分析学生情况，剖析学习任务与教材目标的匹配度、学生的核心素养发展等方面存在的问题）—改进后第二次试教—总结经验、撰写课例，项目组分别从任务的设计和落实、学习品质的提升这两方面展开了实证研讨与改进。

在项目组的引领下，学校全学科推进课例范式研究，深入"表达美""思维美""探究美""融合美"学习品质，根据上海同济黄渡小学学习品质指征和评价观察点评价量表，筛选出适合本学科观察的指征和观察点，基于任务驱动教学实施，通过课堂参与、课堂回放深入开展课堂观察，重点观察学生学习表现，运用信息技术分析在任务驱动下学生的"学"是否达到预定评价指征，优化工具量表，使用任务属性表分析、验证任务设计与实施是否围绕核心素养，使用学习任务课堂观察表记录学生线上学习行为和教师教学行为，判断学习任务设计的切适度和达成度，从而提出改进的建议。赋能课堂教学的变革和观察，使教学提质增效。

（二）强化实践意识，以任务为核心，优化育人方式

学科实践是品质课堂的主路径、主渠道，指向的是学科探究、学科活动。以核心素养为导向的任务驱动行动，是推进育人方式从认识到实践的转型的过程。

1. 丰富任务实践要求

确立学科实践在学科学习中的核心地位。我们在学习品质的培养过程中，结合具体的学习任务，融入具体的学科。各学科充分学习义务教育新课程标准的教学建议和教学提示，在任务设计中增加了大量实践活动内容，如观察、考察、实验、调研、操作、设计、策划、制作、观赏、阅读、创作、创造等。

2. 倡导真实情境任务

在义务教育课程方案和课程标准（2022年版）中，学科实践通常以情境、问题、任务、项目为载体或抓手。我们在任务驱动教学中尽可能把教学内容置于真实的情境、问题、任务、项目之中，让学生真实地感受到知识的来源和背景，体会到知识的用处和价值，对知识产生兴趣和意义感，并发展学以致用的能力。教师将学习任务进行"登山式"的呈现和推进，这样就倒逼学生必须去经历、去参与、去探究、去完成。教师作为环境与学生交互的引导者，对学生学习品质的发展有导向、激励和反馈作用。学习任务融知识、技能和真实情境于一体，助推学生学后反思和能力的提升，最终形成素养。

3. 促使学习真实发生

学习"真实发生"不仅对应"虚假发生"，而且对应"形式发生""浅层发生"。充分了解学生现有发展区和最近发展区，设计"跳一跳才能摘到果实"的学习任务，确保学习任务的可接受性与挑战性并存，这是基于学习能力和发展学习能力的学习。学习品质是个体进行探索学习的基础性概念，也是影响个体学习活动的关键性因素，是指向如何让个体更好地自主学习的基本特质。这种特质包含态度和行为两个维度，而学习状态对应"想学""会学""乐学"等情绪状态、思维状态、交往状态等，其最终目的指向"学会学习"，必须把学习还给学生，让学生进入学习状态。

4. 彰显学科育人价值

教师既要转变对于学习品质的认知和态度，更要将学习品质培养融入具体学科教学活动，并通过积极环境的创设，促进学生学习品质的发展。通过学科实践，有效挖掘和展现学科独特的育人价值，从而在学科层面促进学生核心素养的发展。作为任务驱动的学习方式，我们的学科实践强调"学科性"，要求用学科独特的方式方法和学习任务来学习学科，用语文的方式学习语文，用数学的方式学习数学，用科学的方式学习科学，用体育的方式学习体育……我们尊重并彰显学科的独特性、体现学科的精气神，进行有学科特征的任务驱动行动实践。

四、 任务驱动行动的成效与反思

"教育者，非为已往，非为现在，而专为将来。"提升学习品质，是新时代对高素质人才的要求，是品质课堂的重要维度，也是支撑品质课堂的基础。学校课题"指向学习品质提升的任务驱动教学研究"致力于课堂教学的升级迭代，研究课堂学与教的组织方式、教学设计等结构性变革，以构建提升学生学习品质的品质课堂为目标，设计多类型学习任务，使学生在真实任务中经历生动、主动、互动的探究，从而习得核心知识，理解核心概念，形成关键能力，发展学科核心素养，提升学习品质。

在"指向学习品质提升的任务驱动教学研究"课题推动下，改变正在发生。以任务驱动中介的行动研究，拓宽学生学习品质提升的渠道，使得教师不但转变对于学习品质的认知和态度，更是将学习品质培养融入具体学科教学活动，并通过创设真实情境下的学习任务，促进学生学习品质的发展。在任务驱动教学研究中，我们的教师不断磨炼和总结，不断反思和学习，实践学习内容、学习路径、学习方法的变革。

从学校整体发展看，立足学校办学理念，聚焦学生学习和学校品质课堂的融合实施，研究品质课堂实施的策略与方法，建立学习品质表现性标准，设计并形成学生学习品质的校本化指征和观察量表，运用评价结果支持教学策略，形成提升师生学习品质的策略和方法，从而丰富学校品质课堂的内涵，打造学校课改名片，促进学校可持续发展。

从教师专业发展看，研究学科核心素养，掌握基于逆向设计的单元教学设计方法，各学科形成不同的任务设计策略，站在学生的角度设计注重促进学生学习品质提升的任务，增强了教师角色转型的意识，规范了教师的教学过程、教学评价、教学管理，提升了教师研究教材、研究学生、设计教学的能力，有助于教师专业能力的发展。

从学生素养发展看，具有核心素养、学会学习是这个时代教育的追求，其最终指向个体要具备积极的学习品质。课堂教学从知识、技能走向核心素养，注重学生获取知识和技能的能力；以学生为中心，强调学生对知识的主动探索、主动发现和对所学知识意义的主动建构，促进其元认知能力发展。在课堂上，任务是学生学习的支架，教师是学生学习的指导者，同伴成为学生学习的合作者。学校形成指向学习品质提升的任务实施的策略和方法，通过课堂教与学的改进，促进学生主动发展，提升学生的学科核心素养，从而提升学生的学习品质。

从"双减"落实来看，学生学习品质的提升既是核心素养的落地，也是"双减"减量提质的关键。"双减"与提升学习品质的初衷都在于促进学生发展，落脚点都是提高教学质量。学生在课堂上、在学习的过程中集中精力，围绕学习任务，进入任务驱动的状态，用有限的时间获得最大的学习效果，真正实现了"双减"背景下的减量提质。

课堂是学生提升学习品质的主阵地。优化品质课堂转型，提升课堂教学质效，需要我们不断探索提升学习品质的实施路径。学校将最大程度地激发学生的主观能动性和创造能力，培养学生良好的思维品质，提升学生核心素养，实现品质课堂的跨越式发展。

（撰稿人：许艳　张丽芳）

第一章

任务群：核心引领的单元学习

任务群是围绕单元教学主题而创设的相对独立又相互联系的主题任务集合。单元任务群是在整合单元学习内容的基础上，淬炼单元学习主题，围绕单元学习主题设计的带有真实情境的学习任务集合体。单元任务群教学有利于儿童在真实情境中，通过多种学习方式，综合运用知识和技能完成学习任务，形成迁移性观点和方法，发展解决问题的能力，提升学习品质。

任务群教学是围绕单元教学内容与目标，创设驱动学生学习的主题任务，并在主题任务的引领下，引导学生逐步完成若干个相对独立又相互联系的学习子任务。学生在真实情境中的任务驱动下，通过多种学习方式，综合运用知识和技能完成学习任务，形成迁移性的观点和方法，发展解决问题的能力和创造能力，获得学习品质的提升。本章主要以语文学科为例，阐述任务群教学在语文单元教学中的设计与实施。

一、任务群的内涵与特征

（一）内涵

《义务教育语文课程标准（2022 年版）》根据不同学段学生语文学习的特点，对于语文课程内容，从"基础型""发展型"和"拓展型"三个层面设置了"语言文字积累与梳理""实用性阅读与交流""文学阅读与创意表达""思辨性阅读与表达""整本书阅读""跨学科学习"六个学习任务群。[1] 这六大任务群相互联系，共同指向学生的语文课程核心素养——文化自信和语言运用、思维能力、审美创造的综合体现（见表 1-1）。

表 1-1 《义务教育语文课程标准（2022 年版）》对每个学习任务群的概述

所属层面	学习任务群	概述
基础型	语言文字积累与梳理	本学习任务群旨在引导学生在语文实践活动中，积累语言材料和语言经验，形成良好语感；通过观察、分析、整理，发现汉字的构字组词特点，掌握语言文字运用规范，感受汉字的文化内涵，奠定语文基础。
发展型	实用性阅读与交流	本学习任务群旨在引导学生在语文实践活动中，通过倾听、阅读、观察，获取、整合有价值的信息，根据具体交际情境和交流对象，清楚得体表达，有效传递信息，满足家庭生活、学校生活、社会生活交流沟通需要。

---

[1] 中华人民共和国教育部. 义务教育语文课程标准（2022 年版）[S]. 北京：北京师范大学出版社，2022：19—36.

所属层面	学习任务群	概述
	文学阅读与创意表达	本学习任务群旨在引导学生在语文实践活动中，通过整体感知、联想想象，感受文学语言和形象的独特魅力，获得个性化的审美体验；了解文学作品的基本特点，欣赏和评价语言文字作品，提高审美品位；观察、感受自然与社会，表达自己独特的体验与思考，尝试创作文学作品。
	思辨性阅读与表达	本学习任务群旨在引导学生在语文实践活动中，通过阅读、比较、推断、质疑、讨论等方式，梳理观点、事实与材料及其关系；辨析态度与立场，辨别是非、善恶、美丑，保持好奇心和求知欲，养成勤学好问的习惯；负责任、有中心、有条理、重证据地表达，培养理性思维和理性精神。
拓展型	整本书阅读	本学习任务群旨在引导学生在语文实践活动中，根据阅读目的和兴趣选择合适的图书，制订阅读计划，综合运用多种方法阅读整本书；借助多种方式分享阅读心得，交流研讨阅读中的问题，积累整本书阅读经验，养成良好的阅读习惯，提高整体认知能力，丰富精神世界。
	跨学科学习	本学习任务群旨在引导学生在语文实践活动中，联结课堂内外、学校内外，拓宽语文学习和运用领域；围绕学科学习、社会生活中有意义的话题，开展阅读、梳理、探究、交流等活动，在综合运用多学科知识发现问题、分析问题、解决问题的过程中，提高语言文字运用能力。

　　单元任务群是指在语文课程标准引领下，结合学校课题"指向学习品质提升的任务驱动教学研究"，在整合单元学习内容的基础上，淬炼单元学习主题，围绕单元学习主题设计的带有真实情境的学习任务集合体（见图 1-1）。这些任务既相对独立，又相互关联，共同作用于单元教学目标的落实。单元任务群教学是让学生在真实的情境中，综合运用知识和技能来完成学习任务，形成迁移

性的观点和方法，发展解决问题的能力。学生在运用语言文字完成学习任务的过程中达成快乐的学习体验，提升学习品质。

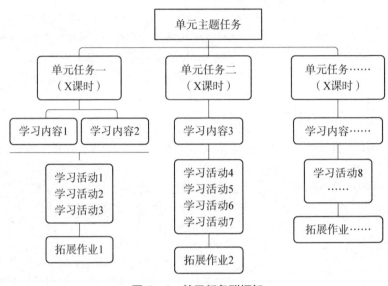

图 1-1　单元任务群框架

（二）特征

《义务教育语文课程标准（2022 年版）》指出："语文课程是一门学习国家通用语言文字运用的综合性、实践性课程。"[①] "语言文字的运用，包括生活、工作和学习中的听说读写活动以及文学活动，存在于人类社会的各个领域。"[②] 基于语文学科的课程特点，单元任务群作为实现大单元教学的一种新的探索，同样具有综合性、实践性和情境性的特征。

1. 综合性

单元任务群将单元课程内容整合在多个综合性的学习任务中，形成新的结构化的内容。单元学习子任务可以针对单篇教学内容进行设计，也可以整合单

① 中华人民共和国教育部. 义务教育语文课程标准（2022 年版）[S]. 北京：北京师范大学出版社，2022：1.
② 中华人民共和国教育部. 义务教育语文课程标准（2022 年版）[S]. 北京：北京师范大学出版社，2022：1.

元内的同类教学内容进行设计。学生在完成这些相互关联的系列学习任务的过程中进行语文的实践与积累，表现的是"文化自信和语言运用、思维能力、审美创造的综合体现"①。例如，统编小学语文二年级下册的识字单元围绕"传统文化"主题编排了《神州谣》《传统节日》《"贝"的故事》《中国美食》四篇课文和一个语文园地。课文根据地理、节日、汉字文化、美食以及语文园地中的时辰进行设置，基本囊括了祖国山河、传统节日、汉字文化和中华美食等传统文化主要内容。教学时，教师可以将《中国美食》和语文园地"识字加油站"中"我的发现"这一板块的内容融合在一起，设计"寻找舌尖上的汉字"这个学习任务。儿童可以通过积累这一板块中形容食物口感的词语，丰富对中华美食文化的感知，提高语言表达的能力。单元任务群教学让单元内容知识不再呈现线性排列，而是有了多样性的组合和综合性的表现。

2. 实践性

语文单元任务群将单元教学内容融合在若干个学习任务中，教学过程成了教师引导儿童完成学习任务的实践过程。每一个学习任务都是以生活为基础，以学习活动为主线，让儿童在具体的语言实践活动中学习知识和技能，形成提出问题、分析问题、解决问题的综合能力。例如，学生要完成"寻找舌尖上的汉字"这个学习任务，首先要以服务员的身份报菜名，然后以帮厨工的身份分食材，最后以小厨师的身份学烹饪。这三个学习活动的目的是让儿童首先主动认读课文，进行整体感知，然后在圈画做菜所需的食材时，发现词语排列的规律，最后在合作学习中，通过摆一摆、说一说这样的活动形式学习课文中那些表示不同的烹饪方式的字。这样环环相扣的学习活动推动儿童在自主、合作、探究的实践学习中积累语言经验，比传统的讲授、诵读、抄写等更能有效地提升学生学习品质。

3. 情境性

语文单元任务群是以单元目标为导向，创设真实的学习情境，让学生围绕真实情境中的任务，综合运用多种学习方法去识字与写字、阅读与积累、表达与交流、梳理与探究。这里的真实的学习情境指的是指向生活中语言文字运用

---

① 中华人民共和国教育部. 义务教育语文课程标准（2022年版）[S]. 北京：北京师范大学出版社，2022：4.

真实需求的学习情境。因此，单元任务群的设计要以学生的生活为基础，要切实加强语文学习与儿童生活的联系。仍以二年级下册的识字单元为例，教师可以创设"'字'里中华分享会"这个单元主题任务，并设计与主题相关联的子任务，如"寻找舌尖上的汉字""发现节日里的汉字""探寻版图上的汉字"等学习任务，来承载本单元的学习内容。美食、节日、家乡此类学习情境不仅仅与教材内容有关，更与学生的个人生活和公共生活有着密切的联系。设计与日常生活、社会生活相联系的学习任务，更容易激发儿童的学习动机和兴趣。真实的情境有助于让儿童在想学、会学、乐学的学习体验中，提高对语言的理解和运用能力，发现语言表达美。

二、 任务群的设计

（一） 目标的设计

"语文课程围绕核心素养确立了9条课程总目标，除了第1条与课程性质有关，其余8条目标分别对应核心素养的四个方面。"① 具体如下（见表1-2）：

表1-2 语文课程总目标和核心素养的关系

核心素养	语文课程总目标
立德树人	在语文学习过程中，培养爱国主义、集体主义、社会主义思想道德，逐步形成正确的世界观、人生观、价值观。
文化自信	热爱国家通用语言文字，感受语言文字及作品的独特价值，认识中华文化的丰厚博大，汲取智慧，弘扬社会主义先进文化、革命文化、中华优秀传统文化，建立文化自信。
	关心社会文化生活，积极参与和组织校园、社区等文化活动，发展交流、合作、探究等实践能力，增强社会责任意识。感受多样文化，吸收人类优秀文化的精华。
语言运用	认识和书写常用汉字，学会汉语拼音，能说普通话。主动积累、梳理基本的语言材料和语言经验，逐步形成良好的语感，初步领悟语言文字运用规

---

① 课程教材研究所. 义务教育语文课程标准（2022年版）解读［M］. 北京：高等教育出版社，2022：75—80.

核心素养	语文课程总目标
	律。学会使用常用的语文工具书，运用多种媒介学习语文，初步掌握基本的语文学习方法，养成良好的学习习惯。
	学会运用多种阅读方法，具有独立阅读能力。能阅读日常的书报杂志，初步鉴赏文学作品，能借助工具书阅读浅易文言文。学会倾听与表达，初步学会用口头语言文明地进行人际沟通和社会交往。能根据需要，用书面语言具体明确、文从字顺地表达自己的见闻、体验和想法。
思维能力	积极观察、感知生活，发展联想和想象，激发创造潜能，丰富语言经验，培养语言直觉，提高语言表现力和创造力，提高形象思维能力。
	乐于探索，勤于思考，初步掌握比较、分析、概括、推理等思维方法，辩证地思考问题，有理有据、负责任地表达自己的观点，养成实事求是、崇尚真知的态度。
审美创造	感受语言文字的美，感悟作品的思想内涵和艺术价值，能结合自己的经验，理解、欣赏和初步评价语言文字作品，丰富自己的情感体验和精神世界。
	能借助不同媒介表达自己的见闻和感受，学习发现美、表现美和创造美，形成健康的审美情趣。

　　学校课题"指向学习品质提升的任务驱动教学研究"正是基于学科特点和学科目标，对应嘉定区三年行动计划"想学、会学、乐学"的学习品质，从学习兴趣、学习能力和学习态度等维度来制定学生学习品质指征（学习品质指征和评价观察点见本书"前言"）。因此，提升儿童学习品质的单元任务群教学要基于落实课程目标的教学。首先，基于课程标准的要求制定单元教学目标，并依据学年（学期）教学内容与要求进行分解、细化。然后，在单元目标基础上，结合具体的任务进行整合与提炼，形成任务群教学目标（见图1-2）。

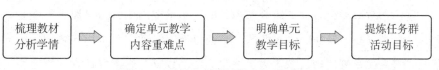

图1-2　单元任务群教学目标设计流程

以统编小学语文三年级上册第六单元为例。本单元中的字词学习、课文朗读、词语理解等教学内容为小学语文学习的常规教学内容，"理解课文描写的景物、景象""写几句连贯的话，描述图片上的景物"为学年（学期）教学内容，"借助关联语句概括一段话的意思""围绕一个意思把一处景物介绍清楚"为本单元重点教学内容（见表1-3）。

表1-3 统编小学语文三年级上册第六单元教学内容

单元	教学内容
第六单元	识字表中"亦、宜、庭、未"等生字的认读识记
	识字表中"抹、磨、参、臂"等多音字的认读
	写字表中"断、楚、至、孤"等字的书写
	词语表中"位于、部分、风景、优美"等词语的书写
	课文的朗读
	古诗《望天门山》《饮湖上初晴后雨》《望洞庭》《早发白帝城》的背诵
	古诗《望天门山》的默写
	诗句意思的解释
	诗中描绘景色的描述
	课文描写景物、景象的描述
	借助关键语句概括一段话的意思
	课文中"抽出、浸"等词语表达作用的说明
	写几句连贯的话，描述图片上的景物
	观察一处景物，围绕一个意思把它介绍清楚
	"懒洋洋、静悄悄"等词语意思的解释
	用"懒洋洋、静悄悄"等词语写句子
	围绕给出的关键语句说一段话

上海市教育委员会教学研究室编著的《小学语文单元教学设计指南》中提到以一所普通小学普通班级为例做了学情分析，发现"对于单句和表示因果、转折、并列关系的复句，三年级学生基本能够读懂，这可以作为他们已有的知

识基础和能力。但是对于较为复杂的句子，学生不容易准确把握句子的意思"。① 而且，这个年级的儿童对于"比较典型的总分段落结构，判断出关键语句并不困难。但是，当段落中句与句之间的逻辑关系较为复杂时，学生在判断关键语句时可能会存在一定困难"。② 此外，"这个年级的儿童已经了解可以调动多种感官进行观察，以及观察时要注意事物的变化，这些可以作为他们已有的知识基础和能力……但是如何围绕一个意思将观察到的内容写清楚却存在困难。第一，学生往往较难用一句话比较准确地概括一处景物的特点；第二，学生很难抓住景物的样子把特点描述清楚"。③ 基于以上教材和学情的分析，下面借鉴《小学语文单元教学设计指南》中统编小学语文三年级上册第六单元教学目标为例进行单元任务群活动目标设计（见表1-4）。

表1-4 统编小学语文三年级上册第六单元教学目标

单元	教学目标
第六单元	自主认读识字表中"亦、宜、庭、未"等生字和"抹、磨、参、臂"等多音字；正确书写写字表中"断、楚、至、孤"等字和词语表中"位于、部分、风景、优美"等词语；借助字典或联系上下文、生活经验解释"懒洋洋、静悄悄"等词语的意思。
	正确、流利、有感情地朗读课文；背诵古诗，默写《望天门山》。
	借助注释、工具书，在理解字词的基础上，解释诗句的主要意思。
	在理解课文主要内容的基础上，在教师指导下，用自己的话描述文中的景物或景象。
	借助关键语句，在教师指导下，概括一段话的意思。
	在理解词语意思的基础上，联系语境，说明"抽出、浸"等词语在文中的表达作用；用"懒洋洋、静悄悄"等词语写句子。

① 上海市教育委员会教学研究室. 小学语文单元教学设计指南［M］. 北京：人民教育出版社，2021：45.
② 上海市教育委员会教学研究室. 小学语文单元教学设计指南［M］. 北京：人民教育出版社，2021：45.
③ 上海市教育委员会教学研究室. 小学语文单元教学设计指南［M］. 北京：人民教育出版社，2021：51.

单元	教学目标
第六单元	仔细观察图片，在教师指导下，写几句连贯的话将图片上的景物描述清楚。
	展开想象，在教师指导下，围绕给出的关键语句说一段话。
	在观察的基础上，用先概括后具体的方法，围绕一个意思把一处景物写清楚。

依据以上教学内容和目标，我们认为三年级上册第六单元的任务群活动目标可以围绕"绘写祖国山河"这个单元主题任务提炼如下（见表1-5）。

表1-5 统编小学语文三年级上册第六单元任务群活动目标

单元	单元任务群活动目标
第六单元	在积极的阅读中，自主认识42个生字，读准6个多音字，会写51个字，会写53个词语。
	在活动中能找到关键语句，知道关键语句可能的位置及关键语句的作用；借助关键语句理解一段话的意思，并能围绕给出的关键语句说一段话。
	仔细观察一处景物，能运用平时积累的描写景物的词语，围绕一个意思用一段话写下来，并能自己改正错别字。
	以"绘写祖国山河"系列任务为载体，在活动中，领略祖国各地美丽风光，热爱祖国大好河山。

（二）任务及任务单的设计

单元任务群教学是在单元目标的统领下，以完成学习任务为目的、实现学习品质提升为目标的教学方法。教师除了要在进行单元任务群设计时明确需要儿童完成什么任务、达到什么目的之外，还要结合教学内容综合考虑学生的学习基础和实际需要，在单元教学的整体布局下，规划各个子任务的活动过程，细化活动步骤，选择相应的活动形式，提供完成学习任务的资源和学习支架。最后，围绕单元学习任务群制定过程性和终结性相结合、评价主体多元性和评价方式多样化的活动评价方案。教师在任务群设计时，利用任务设计属性表来回顾单元活动的过程，能优化任务群设计（见图1-3）。

图1-3 单元任务群设计流程

下面以统编小学语文三年级下册第三单元为例阐述单元任务群的设计。该单元以"中华优秀传统文化"为主题，围绕"了解课文是怎么围绕一个意思把一段话写清楚的"和"收集传统节日的资料，交流节日的风俗习惯，写一写过节的过程"这两个语文要素编排了《古诗三首》《纸的发明》《赵州桥》《一幅名扬中外的画》四篇课文。这些课文从不同侧面展现了中华优秀传统文化的魅力。对于这样的单元教学内容，我们可以创设"宣讲中华传统文化"这个单元主题任务，分设"探寻节日民俗""探访古代科技""探究古代建筑""探秘古代名画"等子任务。儿童将在完成这些学习任务的过程中经历自主搜集整理资料、合作探究解决问题、运用所学进行成果展示、互动交流互相评价的学习过程。从任务群设计属性表中可以看到，本单元的任务群内容包括了阅读模块、语文园地模块和综合性学习模块，指向六大任务群中的"语言文字积累与梳理""实用性阅读与交流"和"文学阅读与创意表达"这三大任务群，旨在让学生通过对传统文化知识的积累，感受祖国传统文化的博大精深，最终在向他人进行自信的宣讲的同时增强民族自豪感（见表1-6）。

表1-6 统编小学语文三年级下册第三单元任务群设计属性表

学习内容	《义务教育教科书（五·四学制）语文三年级下册》第三单元		
内容模块	阅读模块☑ 习作模块☐ 语文园地模块☑ 口语交际模块☐ 快乐读书吧模块☐ 综合性学习模块☑		
单元任务群概述	以完成"宣讲中华传统文化"主任务为目的，开展"探寻节日民俗""探访古代科技""探究古代建筑""探秘	学习时间	10课时

学习内容	《义务教育教科书（五·四学制）语文三年级下册》第三单元		
	古代名画"专题任务活动。通过对传统文化知识的积累，能向他人进行自信的宣讲。		
单元任务 活动目标	1. 在"宣讲中华传统文化"系列任务中，积累与运用本单元的生字、词语。		
	2. 在积极的阅读中，正确、流利、有感情地朗读单元课文，把握本单元课文的主要内容，背诵古诗。		
	3. 在完成任务过程中学会课文围绕关键语句将一段话写清楚的表达特色，能在口头表达、书面表达中通过分述不同的场景以凸显表达的重点，并尝试运用于描写某一次过节经历。		
	4. 能运用多种方法主动积累搜集与传统节日、古代发明、传统建筑、古代艺术等相关的课内外信息，完成拓展作业。		
	5. 通过宣讲中华优秀传统文化，感受中华优秀传统文化的魅力。		
任务类型	语言文字积累与梳理☑ 实用性阅读与交流☑ 文学阅读与创意表达☑ 思辨性阅读与表达□ 整本书阅读□ 跨学科学习□		
任务资源	来源：校内□ 家庭□ 其他☑ 用途：提供背景☑ 创设情境☑ 样例示范□ 其他□		
学习方式	自主☑ 合作☑		
学习环境	线上□ 线下□ 线上＋线下☑		
预期成果	宣讲纪念手册		

　　本单元任务群活动时间预设为 10 课时，分四个子任务，其中，"探寻节日民俗" 4 课时，"探访古代科技" 2 课时，"探究古代建筑" 2 课时，"探秘古代名画" 2 课时。每个子任务包含了不同的教学内容和多个学习活动，单元任务群的实施需要结合教学总目标，整体布局子任务的活动顺序。同时，子任务的实施需要凸显单个学习任务的教学重点，选择相应的学习方式和组织形式，细化活动步骤和具体要求，强调或关注要点，完整、有序地推进任务的完成。

例如统编小学语文三年级下册第三单元子任务"探寻节日民俗"（见表1-7）。

表1-7 统编小学语文三年级下册第三单元"探寻节日民俗"子任务属性表

学习内容	《义务教育教科书（五·四学制）语文三年级下册》 第三单元第9课《古诗三首》之《元日》		
学习任务	探寻节日民俗	学习活动1	逛"春节馆"，诵节日古诗
		学习活动2	入诗中境，寻节日习俗
		学习活动3	宣讲习俗，弘扬传统文化

活动目标	在情境中，主动认识"屠、苏"等5个生字，会写"爆、符"等6个字。正确、流利、有感情地朗读、背诵古诗。
	借助想象，理解古诗，建立古诗与节日的关联，辨识并感受节日习俗的情感内涵，为当传统节日宣传员做准备。
	完成传统节日宣讲，从中感受到诗中表达的欢度佳节、辞旧迎新的美好愿望。

预期成果 （表现）	"春节馆"宣讲纪念卡	封闭：有标准答案 □ 开放：无标准答案 ☑

学习 活动	学习水平				任务难度			组织形式		学习支架				预估 时间
	知道	理解	运用	综合	易	中等	难	个别	小组/ 全体	概念	程序	策略	元 认知	
1														
2														
3														

活动 流程	活动1	组织自读古诗，读准字音—展示诵读古诗，读出节奏
	活动2	借助图片和注释再读古诗，明诗意—选择场馆壁画发现诗中春节习俗—联系生活实际想象诗中习俗场景
	活动3	借助背景资料三读故事，悟诗情—以宣讲员的身份介绍春节展馆

活动 评价	评价对象		评价依据			评价侧重点				评价方式			评价时机	
	个体	小组	书面 交流	口头 表达	其他 表现	活动 态度	活动 能力	活动 方式	活动 成果	教师 评价	同伴 评价	学生 自评	活动 中	活动 后

学习内容	《义务教育教科书（五·四学制）语文三年级下册》第三单元第 9 课《古诗三首》之《元日》							
活动1								
活动2								
活动3								

　　任务中的活动设计要从知道、理解、运用和综合四个认知维度，充分考虑学生的学习水平，设计的活动顺序由易到难呈现梯度上升。学习活动中，教师根据学生的资源需求，关注实现学习目标所需要的实物资源、文字资源和信息化资源等是很有必要的。提供学习支架可以充分调动学生的学习兴趣，促进学生的主动学习和互动学习。"这种帮助可以是'概念'层面的，即弄清楚要解决什么问题；可以是'程序'层面的，即如何将有难度的问题分解为几个容易的问题；可以是'策略'层面的，即在多种方法中分辨，找到可行的一种方法进行实施；还可以是'策略'中的'元认知'，即促进学生进行活动反思。"[①]

　　教师在制订评价方案时，要依据活动目标开展评价，评价主体可以是教师、学生或家长。评价内容除了针对课上的学习活动，也要考虑到课后的拓展活动成果的展示，"要给学生一段比较充裕的时间去展示自己创造性的学习成果"，且"建立'成果评价档案袋'，鼓励每个学生建立自己的综合学习成果档案，存放相关的学习作品，以及自己、同伴和老师的评价，以见证学习的成果"[②]，让学生在学习体验中感受学习带来的乐趣。

（三）设计的原则

1. 学生主体性原则

　　单元任务群教学是要将主动权交给学生，让学生在一个个相关联的学习任务中充分调动自己已有的知识储备真正地解决问题，以现学现用、边学边做的

---

① 上海市教育委员会教学研究室. 小学语文单元教学设计指南［M］. 北京：人民教育出版社，2021：55.

② 上海市教育委员会教学研究室. 小学语文单元教学设计指南［M］. 北京：人民教育出版社，2021：61.

方式经历新知识的学习和新能力的生成，最终又以成果和评价的形式呈现整个活动的所得。所以单元任务群设计的首要原则就是要认识到学生是学习任务的活动主体，学生的认知基础和活动执行能力存在差异。教师在进行任务设计的准备阶段要充分考虑学生的学情，设计出符合学生能力水平的活动任务。

2. 任务整体性原则

单元任务群的总目标是在单元教学目标基础上，结合具体的情境任务进行整合与提炼。其子任务的活动目标也区别于单课教学目标，是服务于完成学习任务而确立的目标。单元任务群是围绕着单元主题任务去逐步完成一系列子任务，子任务下又根据任务活动目标设计一系列学习活动，让学生一步步在真实的情境中解决真实的问题。每一个学习活动所解决的问题都是完成单个子任务的台阶，每一个单元子任务所解决的问题都与学生整个单元的学习经历相融合。可见，单元任务群不论是目标的设计还是任务的设计，都需要关注整体性。从提升语文核心素养出发，把学生能自主开展语言实践作为目标确立的关键因素，设计能调动学习者的主动性并指向解决真实的问题的有效任务，能有效地提升学生的学习品质。

3. 评价多元性原则

评价在大多数教学活动中最重要的作用是激励、诊断和促进活动走向深入，在单元任务群教学中也不例外。它应贯穿单元学习活动的整个过程。我们可以根据各活动环节的特点及不同的组织形式，确定评价标准和评价角度，从活动态度、活动能力、活动方式和活动成果等多方面对活动过程和结果开展评价。评价的主体也可以是多元化的，由教师、学生、家长等共同完成。评价方案的确定，既要贴合活动目标，又要考虑生情差异，表述宜简明、具体、可操作。

三、 任务群的教学实施

（一） 步骤与环节

单元任务群实施主要包括教学实施和教学评价环节。单元任务群的教学实施要求以进阶思维推进教学进程，并在教学中进行实践、反思和优化；实施过程中根据评价内容、评价方式和评价依据来体现儿童学习品质的提升（见图1-4）。

语文单元任务群教学首先是根据单元人文主题和语文要素，确定单元主题

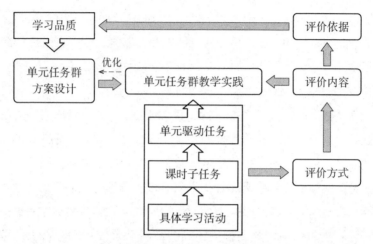

图 1-4　单元任务群实施步骤与环节

任务，然后结合单元教学目标和单元主题任务，提炼任务活动目标，并围绕单元主题任务重组教学内容，设计单元子任务及活动目标。子任务的达成是完成单元主题任务的台阶，具体的学习活动是达成子任务的步骤，故在进行单元任务群教学时要以进阶思维推进教学进程。

　　在实施单元任务群教学的过程中，教师需要基于《义务教育语文课程标准（2022 年版）》提出的过程性评价的原则，正确解读学生学习品质指征和评价观察点，设计评价量表和观察点，并在应用评价量表过程中不断优化相关内容，确保评价项目、等级、内容、标准始终与课程标准教学实况相符，通过运用分析，深入分析这些表现及其影响因素，及时给予有针对性的指导，助力学生提高学习品质（见表 1-8）。

表 1-8　统编小学语文四年级下册《宝葫芦的秘密（节选）》评价量表

要素	指征	表现	🌷	🌷🌷	🌷🌷🌷
表达美	学会积极倾听	整合听到的信息，总结倾听的内容。			
	规范口头表达	能说出课文主要内容。			

要素	指征	表现	🍂	🍂🍂	🍂🍂🍂
	展示学习成果	能说出奶奶给王葆讲了哪些故事，并根据已有内容创编故事，展示故事。			
思维美	生发问题意识	能够提出有理有据的疑问，表达清楚。			
	内化学科思维	通过想象、分析、判读，体会人物形象。			
探究美	理解学习目标	了解学习任务，明确要求，实现目标。			
	践行持续探究	运用分析、创造等高阶思维参与学习任务。			
	善于评价反思	基于教师、同伴的意见，修正学习过程及学习成果。			

（二）方法和策略

1. 重组教学内容，启动任务群教学程序

教材内容是有规定的，但是在教学设计的过程中，根据素养型目标的要求，教师可以适当调整、补充和重组教学内容。如统编小学语文二年级下册的识字单元围绕"传统文化"主题编排了《神州谣》《传统节日》《"贝"的故事》《中国美食》四篇课文和语文园地这一板块。其中《"贝"的故事》涉及汉字的由来、演变及发展，其他三篇课文中呈现的风景、节日和美食都与学生的生活息息相关。讲述汉字故事对儿童综合能力要求较高，需要在识字的基础上进行积累与表达。因此，教师可适当调整教学顺序：将《中国美食》前移至开篇，激发学生探究汉字的热情；将《"贝"的故事》后置到收尾，以讲故事为主线，串联起前面几篇课文的学习内容。同时，将语文园地中的内容拆分到各个学习

阶段，组成一个有机融合的整体，层层深入地推进单元学习。

2. 推出学习活动，强化任务群教学模式

我们常说学生是学习的主体，教师只是学生学习的组织者、支持者和引导者。要充分发挥学生的主体性作用，在任务设计的过程中，一定要解决长期存在的"学用疏离"的问题。设计真实情境中的任务，让学生综合运用语文知识去解决现实生活中的问题，才能让学生真切感受到语文学习的现实意义。例如，统编小学语文四年级下册第五单元的语文要素是"了解课文按一定顺序写景物的方法"和"学习按游览的顺序写景物"。精读课文《海上日出》按太阳变化的顺序写景，《记金华的双龙洞》按游览顺序写景，是典型的游记。习作例文《颐和园》《七月的天山》都是按游览顺序写景。本次习作的要求是写清楚游览顺序、景物的特点。在这个单元设计"'十佳小导游'评选活动"主题任务就是一个真实情境任务。围绕这个单元主题任务，推出"导游培训之景点讲解有顺序""导游培训之景物介绍有特点""导游考核：写好讲解词"等系列活动任务，用一条情境线串联起被一节节课分割的一个个知识点，使一节节课的教学成为有"情节"的"连续剧"，让学生在系列任务的活动中获得学以致用的学习体验。

3. 创新拓展训练，构建任务群教学体系

基于语文课程的综合性与实践性，教师在运用任务群教学推进单元教学进程时，也要将课后的拓展作业区别于以往的单课作业设计，要实现与学习任务相关联。拓展作业是学生巩固所学，掌握学科技能，进而形成学科思维方法的重要保证。如统编小学语文三年级下册第三单元围绕"宣讲中华传统文化"单元主任务，根据"宣讲传统节日""宣讲古代科技""宣讲古代建筑""宣讲古代名画"这四个单元子任务，可以设计与之相关联的"传统节日印记""古代科技大搜罗""古建筑大发现""共赴书画雅集"这四个需要学生自行搜集资料、整合信息的拓展作业。这类开放性的拓展作业，让学生将课上所学技能迁移运用到课外探究，与课内任务群一起构建起单元任务群教学体系。

4. 运用观察量表，优化任务群教学设计

任务群的设计是否符合学生认识，达到有效提升学生学习品质，还需要通过教学实践来验证。因此教学实践是任务群教学实施中非常重要的环节。在教学实践的过程中我们依据语文学科学习品质指征制定观察量表，进行课堂观察；依据学生学习品质指征和评价观察点，关注学生的"学"和教师的"教"；借助学习活动观察表，观察课堂上学生行为和教师应对策略，分析任务设计是否合理，提出改进的建议；借助学生"表达美""思维美""探究美"和"融合美"的表现性观察表，观察学生课堂表现，详细记录学生的学习过程，分析在任务驱动下学生的"学"是否达到预定的学习目标和对应的核心素养。课后综合以上观察数据对任务群教学设计进行反思和改进，进一步优化任务群教学设计（见表1-9至表1-13）。

表1-9 学习活动观察表

活动设计	预期行为		非预期行为		改进空间
	学生行为	教师应对	学生反应	教师应对	
活动1					
活动2					
活动3					
……					

表1-10 学生"表达美"表现性观察表

第（ ）组 共（ ）人										
表达美	学生A	学生B	学生C	学生D	学生E	学生F	学生G	学生H	学生I	学生J
学会积极倾听										
规范口头表达										
规范书面表达										
展示学习成果										

表 1-11 学生"思维美"表现性观察表

第（　　）组　共（　　）人										
思维美	学生 A	学生 B	学生 C	学生 D	学生 E	学生 F	学生 G	学生 H	学生 I	学生 J
掌握核心概念										
生发问题意识										
形成敏捷思维										
内化学科思维										

表 1-12 学生"探究美"表现性观察表

第（　　）组　共（　　）人										
探究美	学生 A	学生 B	学生 C	学生 D	学生 E	学生 F	学生 G	学生 H	学生 I	学生 J
理解学习目标										
践行持续探究										
善于评价反思										

表 1-13 学生"融合美"表现性观察表

第（　　）组　共（　　）人										
融合美	学生 A	学生 B	学生 C	学生 D	学生 E	学生 F	学生 G	学生 H	学生 I	学生 J
主动互帮互助										
合作解决问题										
有效情绪管理										

创意设计

跟着书本去旅行
——以统编小学语文三年级上册第六单元为例

（一）案例背景

新课标第二学段"文学阅读与创意表达"任务群包括三方面的学习内容，其中一个是在阅读中学习用口头或者图文结合的方式，创编有趣的故事，具体表述为"阅读富有想象力和表现力的儿童文学作品，欣赏富有童趣的语言与形象，感受纯真美好的童心，学习用口头或者图文结合的方式创编儿童诗和有趣的故事，发展想象力"。这一学习内容旨在鼓励学生在口头交流和书面创作中，运用多样的形式呈现作品，发挥自己的创造性；引导学生成长为主动的阅读者、积极的分享者和有创意的表达者。

小学语文教材在第二学段教材中编排了"饮水思源、祖国河山、自然之美、童年趣事"等主题单元，选编了诗歌、散文等一系列文学作品，为构建"文学阅读与创意表达"这一任务群提供了丰富的学习资源。我们以三年级上册第六单元"祖国河山"主题单元为依托，主要参照"文学阅读与创意表达"任务群的学习内容，设计了"跟着书本去旅行"这一学习主题。

一是从学习内容看，顺应了学科育人的需求。"祖国河山"主题单元编排了关于祖国壮美山河的古诗、文章。单元导语页上用诗歌的形式点明了本单元的主题，饱含着对祖国的赞美与深情，配合表现壮美景色的插图，能引发学生强烈的爱国情感。

二是从学习角度看，配置了语言实践的思维支架。本单元的语文要素是"借助关键语句理解一段话的意思"。《富饶的西沙群岛》以泡泡语的方式提醒学生关注关键语句；《海滨小城》的课后习题引导学生从段落中找出关键语句；语文园地中的"交流平台"重点讨论、梳理关键语句在段落中的位置及关键语句的作用，"词句段运用"安排了围绕一个句子说一段话的练习。本单元的习作要求是"习作的时候，试着围绕一个意思写"。这是"借助关键语句理解一段话的意思"这一阅读方法在习作中的运用，形成了"由读到写"的学习路径。

（二）案例主体

1. 单元教材编排

本单元围绕"祖国河山"这一主题编排了四篇课文：有描写山水美景的古诗《望天门山》《饮湖上初晴后雨》和《望洞庭》；有表现海疆风景优美、物产丰富的《富饶的西沙群岛》；有描绘南国美丽风光的《海滨小城》；还有展现北国四季迷人景色的《美丽的小兴安岭》。本单元课文旨在让学生领略祖国各地美丽的风光，激发学生热爱祖国大好河山的思想感情。

2. 单元教学目标（见表1-14）

表1-14 统编小学语文三年级上册第六单元教学目标

单元	教学目标
第六单元	自主认读识字表中"亦、宜、庭、未"等生字和"抹、磨、参、臂"等多音字；正确书写写字表中"断、楚、至、孤"等字和词语表中"位于、部分、风景、优美"等词语；借助字典或联系上下文、生活经验解释"懒洋洋、静悄悄"等词语的意思。
	正确、流利、有感情地朗读课文；背诵古诗，默写《望天门山》。
	借助注释、工具书，在理解字词的基础上，解释诗句的主要意思。
	在理解课文主要内容的基础上，在教师指导下，用自己的话描述文中的景物或景象。
	借助关键语句，在教师指导下，概括一段话的意思。
	在理解词语意思的基础上，联系语境，说明"抽出、浸"等词语在文中的表达作用；用"懒洋洋、静悄悄"等词语写句子。
	仔细观察图片，在教师指导下，写几句连贯的话将图片上的景物描述清楚。
	展开想象，在教师指导下，围绕给出的关键语句说一段话。
	在观察的基础上，用先概括后具体的方法，围绕一个意思把一处景物写清楚。

3. 单元任务群框架（见图 1-5）

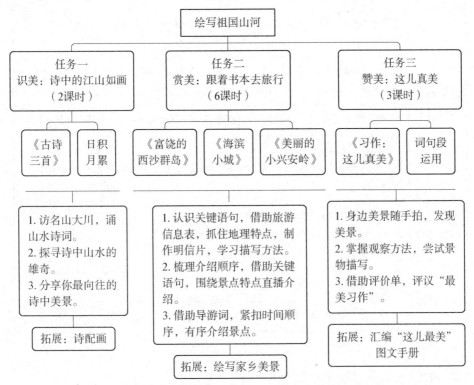

图 1-5　统编小学语文三年级上册第六单元学习任务群框架

4. 任务群设计属性表（见表 1-15）

表 1-15　统编小学语文三年级上册第六单元学习任务群设计属性表

学习内容	《义务教育教科书（五·四学制）语文三年级上册》第六单元		
内容模块	阅读模块☑　习作模块☑　语文园地模块☑　口语交际模块□ 快乐读书吧模块□　综合性学习模块□		
单元任务群概述	以完成"绘写祖国山河"主任务为目的，开展"识美：诗中江山如画""赏美：跟着书本去旅行""赞美：这儿真美"三个子任务活动。通过绘写山河美景，激发学生热爱祖国大好河山的思想感情。	学习时间	11 课时

学习内容	《义务教育教科书（五·四学制）语文三年级上册》第六单元
任务群活动目标	在积极的阅读中，自主认识 42 个生字，读准 6 个多音字，会写 51 个字，会写 53 个词语。
	能找到关键语句，知道关键语句可能的位置及关键语句的作用，借助关键语句理解一段话的意思，并能围绕给出的关键语句说一段话。
	仔细观察一处景物，能运用平时积累的描写景物的词语，围绕一个意思用一段话写下来，并能自己改正错别字。
	以"绘写祖国山河"任务群为载体，领略祖国各地美丽风光，热爱祖国大好河山。
任务类型	语言文字积累与梳理☑　实用性阅读与交流☑ 文学阅读与创意表达□　思辨性阅读与表达□ 整本书阅读□　　　　跨学科学习□
任务资源	来源：校内□　家庭□　其他☑ 用途：提供背景☑　创设情境☑　样例示范□　其他□
学习方式	自主☑　合作☑
学习环境	线上□　线下☑　线上＋线下□
预期成果	诗画小报、旅行纪念手册、旅行明信片、城市宣传海报等

5. 子任务教学实施（以《富饶的西沙群岛》第一课时为例）

（1）课时教学目标（见表 1-16）

表 1-16　《富饶的西沙群岛》第一课时教学目标

课时	教学目标
《富饶的西沙群岛》第一课时	认识"饶、优"等 9 个生字，读准多音字"参"，会写"省、优、淡、浅" 4 个生字，会写"位于、部分"等 8 个词语，提升识字能力。
	有感情地朗读课文，了解课文是从"海水、海底的生物、海岛上的鸟"

课时	教学目标
	三方面写西沙群岛的。
	发现西沙群岛海水和海底生物特点，感受表达的生动，并能选择一幅图，模仿表达方法描述图上的景物特点。

（2）任务设计属性表（见表1-17）

表1-17　统编小学语文三年级上册第六单元"赏美：跟着书本去旅行"任务设计属性表

学习内容	《义务教育教科书（五·四学制）语文三年级上册》第六单元《富饶的西沙群岛》		
学习任务	赏美：跟着书本去旅行	学习活动1	制作西沙群岛游览图
		学习活动2	制作西沙群岛海水明信片
		学习活动3	制作西沙群岛珊瑚、海参、大龙虾明信片
活动目标	1. 能在积极的阅读中，自主认识"饶、优"等9个生字，读准多音字"参"，会写"省、优、淡、浅"4个生字，会写"位于、部分"等8个词语。		
	2. 有感情地朗读课文，能借助浏览图梳理出课文是从"海水、海底的生物、海岛上的鸟"三方面写西沙群岛的。		
	3. 能通过制作明信片用一句话来概括事物的特点，借助图片围绕事物的特点说几句话。		

预期成果（表现）	西沙群岛游览图、西沙群岛明信片、西沙群岛生物名片	封闭：有标准答案　√　开放：无标准答案　√

学习活动	学习水平				任务难度			组织形式		学习支架				预估时间（分钟）
	知道	理解	运用	综合	易	中等	难	个别	小组/全体	概念	程序	策略	元认知	
1	√				√			√		√				5
2		√				√			√		√			10
3				√		√		√				√		15

活动1	组织默读课文，读准字音—填写浏览图学习单

学习内容	《义务教育教科书（五·四学制）语文三年级上册》第六单元《富饶的西沙群岛》

活动流程	活动2	组织自读课文，选择一张能体现海水特点的明信片背景图—结合课文内容说说选择这幅图片的原因—为图配文，完成海水明信片的制作
	活动3	组织合作学习，制作海底生物明信片—组织小组交流展示，表达自己的观点—组织多种形式诵读，感受表达的生动—模仿课文语言描述一幅图

活动评价	评价对象		评价依据			评价侧重点				评价方式			评价时机	
	个体	小组	书面交流	口头表达	其他表现	活动态度	活动能力	活动方式	活动成果	教师评价	同伴评价	学生自评	活动中	活动后
活动1	√			√		√	√		√	√	√	√	√	
活动2		√	√	√		√	√	√	√		√	√	√	
活动3	√		√	√	√	√	√			√	√			√

6. 活动实施

活动1：制作西沙群岛游览图

生活中游览图很常见，此环节主要让儿童借助制作西沙群岛游览图对课文进行整体感知。儿童将在这一活动中经历"默读课文，在阅读中自主识字""填写西沙群岛游览图，完成对课文的整体感知""展示游览图，对重点生字进行正音""借助游览图，认识关键语句"的学习过程（见图1-6）。

图1-6 《富饶的西沙群岛》第一课时学习任务单1

课堂片段：

师：请同学们默读课文，想一想西沙群岛有什么特点，课文围绕这些特点描写了哪些景物。将你的所见所感填进这张旅行游览图。

生：游览西沙群岛可以到海面上看海水，潜入海底看珊瑚、海参、大龙虾和鱼，最后登上海岛看海鸟。我感觉这里是一个风景优美、物产丰富的地方。

活动 2：制作西沙群岛海水明信片

制作明信片有助于加深学生对关键语句的理解。在进入深度学习时，借助课文第二自然段的内容跟着老师一起制作西沙群岛海水明信片是为后面的活动 3 提供策略性学习支架。儿童将在这一活动中经历"图文结合，理解海水特点""提取信息，描述海水特点""为图配文，完成海水明信片的制作"的学习过程。在整个活动中，老师是活动的组织者，学生是活动的主体（见图 1-7）。

图 1-7　《富饶的西沙群岛》第一课时学习任务单 2

课堂片段：

师：西沙群岛海水有着独特的美，让我们制作一张明信片分享给身边的好友吧。想一想这三幅图片中，哪一幅更适合用来制作西沙群岛海水明信片？

生：我觉得第二幅图更合适。因为课文中说西沙群岛一带海水有深蓝的，淡青的，浅绿的，杏黄的。是一块块，一条条，相互交错着的。

师：那这样的句子可以用文中的什么词语来概括呢？

生：可以用"瑰丽无比"和"五光十色"来概括。

师：这一段就是围绕着海水的这个特点来写的。我们给这张海水图配上一句概括它特点的句子，就可以制作西沙群岛海水明信片了（见图 1-8）。

西沙群岛的风景优美，这里的海水五光十色，瑰丽无比。

图1-8 《富饶的西沙群岛》第一课时学习活动2成果

活动3：制作西沙群岛海底生物明信片

在制作西沙群岛海水明信片活动之后，教师提供合作学习单，让学生以小组合作的形式进行探究学习。制作西沙群岛海底生物明信片是实现文本内化、知识迁移的综合运用活动。学生将在这一活动中经历"图文结合，理解海底生物各自的特点""探究交流，表达自己的观点""多种形式诵读，感受表达的生动""模仿课文语言描述一幅图"的学习过程。学生逐步从理解文本表达转向模仿表达（见图1-9）。

课堂片段1：

师：请一个小组来交流你们制作的明信片，并说说：你们小组为什么选择这张图，配这句话呢？

生1：我们小组选择第二幅图，因为文中说珊瑚"各种各样"，第一幅图只有一种珊瑚，太单一了。

生2：第二幅图里的珊瑚形状、颜色各不相同，所以我们选择第二幅图。

生3：我们选择的配文是"西沙群岛物产丰富，这里的珊瑚各种各样"。

课堂片段2：

师：课文用生动的语言介绍了这些海底生物的特点，可真有趣呀。你能选择一幅图，抓住它的特点，用几句生动的语言描述一下它吗？

海底的珊瑚 _____。

海底的珊瑚 _____。

图1-9　《富饶的西沙群岛》第一课时学习任务单3

生1：大海龟懒洋洋地在海里游动。它伸展着四肢，伸长着脖子，好像在和小伙伴打招呼呢！

生2：海里的小鱼可真漂亮！它们全身黄色，夹杂着黑色的条纹，就像一只只黄蝴蝶在自由飞翔呢！

7. 成果评价

表1-18　《富饶的西沙群岛》第一课时评价量表

要素	指征	评价内容	星级评定
思维美	选图	选图符合事物特点	★★★
	配文	配文凸显事物特点	★★★
表达美	表达	表达简洁，语句通顺	★★★

（三） 案例反思

1. 情境创设，激发学生学习动机

在本单元的教学中，"我是最佳小导游"这一大情境的创设来源于生活中的真实职业，也是学生在旅行中已有的生活体验，这与学生的认知情境是相符的。让学生在情境中带着角色意识去了解祖国大好河山，对于学生而言，是一种充满了新奇的体验。同时，探寻如何成为"最佳小导游"的学习过程也能够不断激发学生学习的自主性与探索的积极性。

本课时设计的"制作游览图"这一活动也正是在小导游的情境下创设的。学生借助自己以往的旅行经历，关注到游览图会涉及不同地点的转换，对于文章结构的梳理这一比较枯燥的环节也产生了探究的兴趣。

2. 活动设计，指向思维能力提升

"思维能力是指学生在语文学习过程中的联想想象、分析比较、归纳判断等认知表现，主要包括直觉思维、形象思维、逻辑思维、辩证思维和创造思维。"

本课时设计了"自主学习，制作西沙群岛游览图""师生合作，制作西沙群岛海水明信片""小组合作，制作西沙群岛珊瑚、海参、大龙虾明信片"三个学习活动，学生借助游览图梳理文章，发现文章以总分总的结构，按海面上的海水、海底的生物、海岛上的海鸟的顺序写出了西沙群岛"风景优美、物产丰富"的特点。在制作明信片的活动中，先由师生合作，尝试为海水配一句话，初识关键语句，再由学生合作学习，为其他海底生物选图、配文，将学习任务分解，逐步搭建扶手，使学生在学习活动中通过分析比较、归纳判断等方式，提升了辩证思维、逻辑思维能力。

3. 多元评价，助力审美创造培养

在本课时"制作珊瑚、海参、大龙虾明信片"活动中，教师在活动发布时就将评价单一同出示，以评促学。在小组合作完成任务单时，小组内自评；在交流环节由教师示范点评，关注学生在评价时是否准确；最后学生互评，使学生借助评价反思自己的学习过程。多元评价主体，不仅使学生在学习中更加关注描写海底生物特点的关键语句，而且促进了学生积累语言并运用语言能力的提升，使学生在学习过程中积累丰富的审美经验，"具有初步的感受美、发现美和运用语言文字表现美、创造美的能力"。

四、 任务群的实践成效

指向学习品质提升的任务群驱动教学除了能体现单元整体教学的优势，尤其能提升学生的核心素养，激发学生的学习兴趣，使学生得到自主学习的密钥，最终形成独立思考、研究，并且能在脱离教师的引导下，积极主动地去求得知识。

（一） 学习品质导向下的单元任务群教学，助推课堂转型

《义务教育语文课程标准（2022 年版）》指出："义务教育语文课程结构遵循学生身心发展规律和核心素养形成的内在逻辑，以生活为基础，以语文实践活动为主线，以学习主题为引领，以学习任务为载体，整合学习内容、情境、方法和资源等要素，设计语文学习任务群。"[①] 按照新课标的精神，语文教学主要以学习任务群形态呈现，而以单元为单位，以单元人文主题和语文要素创设学习情境，确定单元教学目标，设计呈序列性和阶梯性的学习任务群来承载学生的语文实践活动。学习任务承载语文课程内容、架构课程体系是大势所趋，也是培养语文核心素养的基本路径。相较于单一的任务型教学，单元任务群教学更强调素养能力导向，以整合学习任务、方法与资源充实"语文实践活动"在语文核心素养背景下的内涵。这会是将语文课堂从被动的、消极的、单向的"教师本位"向"学生本位"范式转变的又一有效策略。

（二） 强化原本零散知识的灵活性和应用性，促进深度学习

学习语言是在语言实践中学会运用的过程。单元任务群的教学方式无疑更能引发学生的好奇心和求知欲，如果在解决任务的过程中还产生了个性化的创意，或者解决问题的方式具有创造性，那就能驱动学生进行相关主题的持续学习。这在很大程度上强化了语文知识的灵活性和应用性，有助于让学生在积极的语用学习经历之中实现语文学科的深度学习。

（三） 整合多方资源与多种方法的任务驱动，提升综合能力

语文学科是一门具有综合性和开放性的课程。单元任务群教学在设计时以

---

① 中华人民共和国教育部. 义务教育语文课程标准（2022 年版）[S]. 北京：北京师范大学出版社，2022：2.

语文教材资源为基础，引入助力教学的课外阅读、互联网资源等多种形式的其他资源，选择主题活动、演讲、辩论、调研、读书交流会等教学方法来整合教学内容与教学情境。这样的教学模式打造出的多情境、多样化的语文学习生态，更能培养学生发现问题、探究问题、解决问题的学习观念与关键能力，在这个基础上最终指向学生语文核心素养的培养和综合能力的提升。

（撰稿人：毛婷婷　金珏　贾菲）

第二章

任务脉：有序关联的生成学习

　　任务脉是由系列式任务驱动生成的学习过程，就好比植物的叶脉，有主脉和侧脉。任务脉教学以单元为单位，将相互关联、先后有序的教学内容组合，是基于学科核心素养，按照学科知识逻辑结构和儿童认知规律，以相关主题与任务为线索的教学。任务脉教学有利于发展儿童的学习能力、思维能力、实践能力和创新能力，帮助儿童形成尊重事实、乐于探究、与人合作、关爱生命与自然的科学态度。

本章以科学学科为例，指向学习品质提升的任务脉设计与实施，通过合理分解单元教学目标，找到前后课时活动之间的联系，并对一个单元内多个探究活动加以合理设计，从而提炼出系列式学习任务单的设计路径和设计规格。

一、任务脉的内涵与特征

植物的叶脉分为主脉和侧脉，在叶片中呈有规律地分布，通过叶柄与茎内的维管组织相连，起输导和支持作用。任务脉是由系列式任务驱动生成的学习过程，好比植物叶脉的主脉和侧脉；是以单元为单位，将相互关联、先后有序的教学内容组合；是承载学科课程内容、架构课程体系、创新教学模式的若干相互关联的学习任务的集合体；是基于学科核心素养、按照学科知识逻辑结构和学生认知规律，以相关主题与任务为线索的教学。任务脉的特征如下：

（一）主题性

任务脉依据单元主题设计。一个单元一般需要设计1至2个核心学习任务。核心学习任务一般分解成几个有层次、有逻辑关系的子任务，目的是让学生收获清晰的学习体验，循序渐进地落实学习目标。学习任务应具有驱动力、整合力和发展力。任务脉呈现聚合结构，能够将学习情境、学习内容、学习方法和学习资源有机整合成一个具有系统性的单元整体。学习任务设计包括设计学习活动（步骤）、基于问题学习情境中的问题（活动或主题）、活动基本流程和步骤、活动监管规则、活动评价规则等。

（二）导向性

任务脉需遵循逆向设计原则，设计学习活动时要先确定学习目标（预期学习结果），再思考学生通过学习活动"产出"的学习证据——证明达成学习目标的证据，然后进行学习任务和具体学习活动的设计。逆向设计原则，也就是目标统领原则。

（三）实践性

学习任务要体现"做中学"的理念，有赖于连贯的科学实践活动。相对于活动和课时，单元具有更好的独立性与自洽性。在本章中我们主要沿用课本的单元，即"自然单元"，以此为主体框架单位，进行系列活动的设计研究。

（四）自主性

学习任务单使用的主体是学生，教师应当将"教"的要求转化为学生

"学"的任务。通过学习任务单的引导，学生能积极主动地参与到科学知识、技能的学习过程中，减少教师过多的干预，最终自主完成任务，实现学习目标。

二、任务脉的设计

任务脉是以生活为基础、科学实践活动为主线、学习主题为引领、学习任务为载体，整合学习内容、情境、方法和资源等要素，引导学生在学习科学知识运用的过程中提升科学素养的课程组织形式。

（一）目标的设计

任务脉的目标设计要以理性为取向、任务为驱动，注重表现型评价。小学科学课程目标是培养学生的科学素养，并应为他们继续学习、成为合格公民和终身发展奠定良好的基础。我们分别从"科学知识""科学探究""科学态度""科学、技术、社会与环境"四个方面阐述具体目标。以"科学探究目标"设计为例。①

1. 总目标

（1）了解科学探究是获取科学知识的主要途径，是科学家通过多种方法寻找证据、运用创造性思维和逻辑推理解决问题，并通过评价与交流等方式形成共识的过程。

（2）理解科学探究需要围绕已提出和聚焦的问题设计研究方案，通过收集和分析信息获取证据，经过推理得出结论，并通过有效表达与别人交流自己的探究结果与想法。能运用科学探究方法解决比较简单的日常生活问题。

（3）了解分析、综合、比较、分类、抽象、概括、推理、类比等思维方法，发展学习能力、思维能力、实践能力和创新能力，以及运用科学语言与他人交流和沟通的能力。

（4）了解通过科学探究形成共识的科学知识在一定阶段是正确的，但是随着新证据的增加，会不断完善、深入和发展。

（5）理解探究不是模式化的线性过程，而是循环往复、相互交叉的过程。

---

① 中华人民共和国教育部. 义务教育小学科学课程标准［S］. 北京：北京师范大学出版社，2017：1.

能将科学探究的过程和方法应用于力所能及的探究活动。

2. 学段目标

从提出问题、做出假设、制订计划、收集证据、处理信息、得出结论、表达交流、迁移应用、反思评价这九个要素描述科学探究的学段目标（见表2-1）。

表2-1　科学探究学段目标

要素	科学探究学段目标		
	一至二年级（低）	三至四年级（中）	五年级（高）
提出问题	在教师指导下，能从具体现象与事物的观察、比较中提出感兴趣的科学问题。	能从具体现象与事物的观察、比较中提出可探究的科学问题。	能从事物的结构、功能、变化及相互关系等角度提出适合自己探究的科学问题。
做出假设	在教师指导下，能依据已有的经验，对问题提出简单的假设。	能基于已有经验和所学知识，从现象和事件发生的条件、过程、原因等方面提出假设。	能从事物的结构、功能、变化及相互关系等角度提出有针对性的假设，并能说明假设的依据。
制订计划	在教师指导下，能制订简单的探究计划。	在教师引导下，能制订完整的探究计划，初步具备实验设计的能力和控制变量的思想。	能根据已有的经验和知识，针对假设设计合理的探究方案，并能设计单一变量的实验方案。
收集证据	在教师指导下，能按照一定的顺序、利用多种感官或者简单的工具，观察并描述对象的外部形态特征及现象。	能运用感官和选择恰当的工具、仪器，或者通过查资料、调查等方式收集信息。	能够通过观察、实验、查资料、调查、案例分析等方式获取事物的结构、功能、变化及相互关系等方面的信息，掌握顺序观察、对比观察和分步观察的方法。
处理信息	在教师指导下，能借助简单的图形、文字和表格，记录、描述并整理信息。	能用科学词汇、图示符号、统计图表等方式记录整理信息，陈述证据和结果。	能用科学语言、概念图、统计图表等方式记录整理信息，表述探究结果。

要素	科学探究学段目标		
	一至二年级（低）	三至四年级（中）	五年级（高）
得出结论	在教师指导下，能利用分析、比较与分类等方法，得出结论。	在教师引导下，能依据证据运用推理、概括等方法，分析结果，得出结论。	能运用分析、比较、推理、概括等方法得出科学探究的结论。
表达交流	在教师指导下，能如实讲述探究过程与结论，并与同学讨论、交流。	在教师引导下，能正确讲述自己的探究过程与结论，能倾听别人的意见，并与之交流。	能采用科学小论文、调查报告等方式，呈现探究的过程与结论；能基于证据质疑并评价别人的探究报告。
迁移应用	在教师指导下，具有将科学探究中学到的知识与方法迁移应用到其他学习领域和日常生活中，解决实际问题的意识。	在教师引导下，能将学到的知识与方法迁移应用到其他学习领域和日常生活中，解决简单的实际问题。	在具体情境中，能比较灵活地将所学知识和方法迁移应用到其他学习领域和日常生活中，解决简单的实际问题。
反思评价	具有对探究过程、方法和结果进行反思、评价与改进的意识。	能对自己的探究过程、方法和结果进行反思，做出自我评价与调整。	能对探究活动进行过程性反思，及时调整，并对探究活动进行总结性评价，完善探究报告。

又如，科学态度目标的设计：儿童通过活动，形成尊重事实、乐于探究、与人合作、关爱生命与自然的科学态度；了解科学、技术、社会和环境的关系，具有创新意识、保护环境的意识和社会责任感。①

1. 总目标

（1）对自然现象保持好奇心和探究热情，乐于参加观察、实验、制作、调查等科学活动，并能在活动中克服困难，完成预定的任务。

---

① 中华人民共和国教育部. 义务教育小学科学课程标准［S］. 北京：北京师范大学出版社，2017：1.

（2）具有基于证据和推理发表自己见解的意识；乐于倾听不同的意见和理解别人的想法，不迷信权威；实事求是，勇于修正与完善自己的观点。

（3）在科学学习中运用批判性思维大胆质疑，善于从不同角度思考问题，追求创新。

（4）在科学探究活动中主动与他人合作，积极参与交流和讨论，尊重他人的情感和态度。

（5）热爱自然，珍爱生命，具有保护环境的意识和社会责任感。

2. 学段目标

从探究兴趣，实事求是，追求创新，合作、分享，人与自然和谐相处五个维度描述科学态度的学段目标（见表2-2）。①

表2-2 科学态度学段目标

维度	科学态度学段目标		
	一至二年级（低）	三至四年级（中）	五年级（高）
探究兴趣	能在好奇心的驱使下，对常见的动植物和物质的外在特征、生活中的科学现象、自然现象表现出探究兴趣。	能在好奇心的驱使下，表现出对现象和事件发生的条件、过程、原因等方面的探究兴趣，体会到运用科学探究解决问题的乐趣。	能对有兴趣的自然现象制订可实施的探究方案，表现出对事物的结构、功能、变化及相互关系进行科学探究的兴趣。
实事求是	能如实讲述事实，当发现事实与自己原有的想法不同时，能尊重事实，养成用事实说话的意识。	在科学探究中能以事实为依据，不从众，不轻易相信权威与书本；面对有说服力的证据，能改变自己的观点。	在尊重证据的前提下，坚持正确的观点；当多人观察、实验结果出现不一致时，不急于下结论，而是分析原因，再次观察、实验，以事实为依据做出判断。

———————————

① 中华人民共和国教育部. 义务教育小学科学课程标准［S］. 北京：北京师范大学出版社，2017：1.

维度	科学态度学段目标		
	一至二年级（低）	三至四年级（中）	五年级（高）
追求创新	在教师指导下，能围绕一个主题做出大胆的想象与推测，尝试多角度、多方式认识事物。	乐于尝试运用多种材料、多种思路、多样方法完成科学探究，体会创新乐趣。	能大胆质疑，从不同视角提出研究思路，采用多种方法、利用多种材料，完成探究、设计与制作，培育创新精神。
合作、分享	愿意倾听、分享他人的信息；乐于表达、讲述自己的观点；能按要求进行两人合作探究学习。	能接纳他人的观点，完善自己的探究；能分工协作，进行多人合作的长周期探究学习；乐于为完成探究活动，贡献自己的想法和力量。	能接受别人的批评意见，反思、调整自己的探究；在进行多人合作时，愿意沟通交流，综合考虑小组各成员的意见，形成集体的观点。
人与自然和谐相处	体会到身边动植物的可爱和美丽，热爱生命，保护身边的动植物；意识到保护环境的重要性。	热爱自然，认识到人类掌握了自然规律，就可以合理利用自然资源，改善自然环境，更好地为生产和生活服务；愿意采取行动保护环境，节约资源。	认识到人类、动植物、环境的相互影响、相互依存关系；自觉采取行动保护环境；认识到人类可以利用科技改善生活，但不能过分地向自然界索取，关注节约资源。

（二）任务单的设计

首先，明确学习任务单设计流程。教师要设计有效的学习任务单，首先要确定本单元、本课时的教学目标。教学目标的确立应该从科学学科"基本要求"中各主题内容目标以及各级指标中寻找依据。课时教学目标是一节课中学生学习的终点能力，要达成这一目标，教师要根据学生的起点能力进行准确的分析，对现阶段学生的水平做出合理的判断，并对未来课堂中应达到的程度做好有效的规划，从而形成本课时的学习目标。科学学科中达成同一课时学习目标可供教师选择的教学活动往往较多，教师在确定活动时应当考虑教师的教学风格、学习兴趣、学校具备的实验器材等，从可供选择的多种活动中选择决定，最终形成本课时的活动目标。在确立学生活动目标的基础上，制定本课时的作业任务单目标。具体流程如下（见图 2-1）：

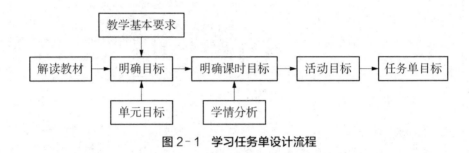

图 2-1　学习任务单设计流程

以远东版小学自然二年级第一学期第八单元"磁铁"为例。本单元属于"基本要求"中"物质科学"模块"能与能的转化"主题中"简单的磁现象"的教学内容，以"认识磁铁的基本性质"为主线。作为本单元第一课时的《磁铁可以吸引铁和钢》以"探究磁铁有磁性"为主要活动，制定教学目标，并开展活动设计。课时目标为"通过观察、体验、实验、阅读等活动，知道磁铁有磁性，能吸引铁和有些钢"。结合学生的认知水平及前概念，确立本课时的学习目标，再考虑有关客观条件，最后确定本课时的活动目标（见表 2-3）。

表 2-3　《磁铁可以吸引铁和钢》各级目标与活动目标对照表

单元目标	课时目标	学习目标	活动目标
通过观察、体验、实验、阅读等活动，知道磁铁能吸铁和有些钢；知道磁铁间会互相排斥和吸引；知道有的磁铁要用电，磁铁有广泛用途。	通过观察、体验、实验、阅读等活动，知道磁铁有磁性，能吸引铁和有些钢。	1. 通过观察、体验磁铁等活动，知道磁铁能吸引铁。	1. 能用磁铁靠近铁片，观察现象，发现磁铁能吸引铁片。
		2. 通过猜想、验证等实验活动，知道磁铁能吸引铁和有些钢。	2. 能用磁铁靠近各种物品，观察现象，发现磁铁可以吸引铁和有些钢。
		3. 通过阅读、交流，列举磁铁在生活中的使用。	3. 能通过阅读《磁铁的故事》，说出生活中对磁铁有磁性的应用。

教师应根据确定的活动目标，进行相应的学习任务单设计。以下为本课时学习任务单活动二中"活动要求""活动记录"部分的设计（见图2-2）。

活动二　找其他朋友

活动要求：

1. 猜想磁铁可以吸引哪些物品，用"√"表示可以吸引，用"×"表示不可以吸引。

2. 验证自己小组的猜想，并用相同的符号记录观察到的现象。

活动记录：

序号	物品	猜想	验证
1	铁钉		
2	玻璃珠		
3	积木		
4	棉布		
5	铜钥匙		
6	钢钉		
7	铝铆钉		
8	塑料盒		
9			
10			

我们发现：能被磁铁吸引的是＿＿＿＿＿＿＿＿＿＿＿＿。（填序号）

图2-2　《磁铁可以吸引铁和钢》学习任务单（部分）

猜测与验证是探究过程中两个重要的步骤。通过学习单表格的设计，可以引导学生自主地猜测实验现象，完成实验探究，并把实验结果与猜测进行比对，从而得出科学的结论。通过学习单的引导，学生明确了探究步骤，并以打"√""×"和填序号的方式显示探究结果，便于交流和汇报，减少了操作的难度，适合低年级学生的操作水平。表格中材料的选择是有设计的，包含了一部分可以被磁铁吸引的物品和一部分不能被吸引的物品。在学生的前概念中，往往认为金属都是可以被吸引的。所以通过提供非磁性金属设置干扰，可以帮助学生更全面地认识能被磁铁吸引的材料，有效地达成单元和课时教学目标。

其次，明白学习任务单设计构成。学习任务单作为一种教学媒介，是学生开展学习的“说明书”，是支持学生开展学习的有效载体。学习任务单旨在帮助学生明确活动目标、内容和方法，提高学习的效率，养成良好的学习习惯和方法。我们在分析、观察并实践了一些使用学习任务单开展课堂教学的自然课后发现，有效的学习任务单一般包含活动目标、活动任务说明、评价标准几个基本部分，因此对活动任务单的设计流程做了一定的调整（见图 2 - 3）。

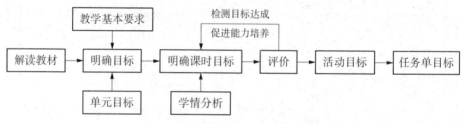

图 2 - 3　调整后的学习任务单设计流程

以远东版小学自然二年级第三册第八单元“磁铁”第一课时《磁铁可以吸引铁和钢》中第二个活动的学习任务单为例（见图 2 - 4）。

猜测与验证

活动评价单

活动目标：知道磁铁可以吸引的材料。

评价标准：1. 按序操作 ☆

2. 及时记录 ☆

（说明：小组自评，根据完成情况在相应的位置勾星。）

活动任务单

活动要求：通过实验找出磁铁可以吸引哪些物品。

序号	物品	猜想	验证
1	铁钉		
2	玻璃珠		
3	积木		
4	棉布		
5	铜钥匙		
6	钢钉		
7	铝钉		
8	塑料盒		
9			
10			

（表格中可以吸引的打√，不可以的打×。）

我们发现磁铁可以吸引的物品有__________。

（填序号）

图 2 - 4　《磁铁可以吸引铁和钢》学习任务单构成

学生在拿到学习任务单后，首先明确了该活动的目标。一旦确立活动目标，学生不再漫无目的，玩到哪里是哪里，而是带着目标进行探究活动。

活动任务说明则帮助学生理解如何具体开展该探究活动，学生通过阅读这个活动任务说明就可以知道自己具体要做什么。特别需要注意的是在撰写任务说明的时候，我们要尽量用简练易懂的话语，方便学生理解操作。如果文字部分太长，可能会影响学生的理解，使学生抓不到重点。特别是对于阅读能力较弱的低年级学生来说，如果文字说明太长，可能会占用不必要的时间，也不能很好地完成探究活动。对于一些关键词和重点步骤，建议教师可以在课堂上请学生朗读要求或者亲自演示操作步骤。

（三）任务脉的设计原则

教师设计学习任务单应当按照上述程序展开，在制作时则应站在学生的角度与立场，充分体现学生为主的原则，考虑学生的兴趣爱好、操作习惯、年龄特征等，方便学生使用，激发学生学习兴趣，使学习任务单成为学生开展活动的载体和支架。

1. 激发学习兴趣原则

设计任务单应当考虑学生的年龄特点。低年级学生年龄小，容易被故事和图画吸引，因此设计有童趣、带有故事情节的任务单容易引起学生关注，从而激发学生完成学习任务的兴趣。而高年级学生则乐于接受挑战，完成完整的任务更让学生具有成就感，或者在任务的完成中引入竞争模式，也能够增强小组完成任务的动力。

2. 符合认知特点原则

不同年龄的学生认知水平不同，对于相同学习内容的学习起点能力也不同，即使是同一所学校，不同班级的学生由于学习风格不同也存在差异。即使是相同的学习内容、相同的重点能力目标，学生在学习过程中也会出现不同的情况，因此需要针对学生的认知特点设计相应的学习任务单，才能取得良好的学习效果。同时，具有针对性的学习任务单也能满足班级内不同层次学生的任务需求，从而达到个性化学习的目的。

3. 开放式与封闭式相结合原则

根据现有的资料，我们观察到学习任务单在实际的教学实践中具有不同的类型，以适应不同类型的学习任务。有的任务单的功能可能只是收集数据，有的则被要求设计实验方案等。前者紧紧围绕活动目标开展相关观察、比较、实验等活动，学生自主、开放的空间有限。而后者则没有固定的格式和要求。两种任务单都有可能在小学自然课中呈现，因此教师应当把握好学习任务中学生的自由度，让学生有足够的思考空间，发展学生的创新能力，避免阻碍学生的创造性思维。

三、 任务脉的教学实施

（一） 步骤和环节

小学自然课堂的探究活动一般分成两种类型，即高结构的探究和低结构的探究。所谓高结构探究是指探究时给学生提供要调查研究的问题、解决问题所要使用的方法和材料，但不提供预期结果。学生自己要根据收集到的数据进行概括，发现某种联系，找到问题的答案。通常，此类探究活动中学生的思维比较局限，缺少深度。而低结构探究是指开展探究活动时只给学生提供要调查研究的问题，有时也提供材料，学生必须自己对收集到的数据进行概括，弄清楚如何解决要探究的问题。

教师要根据学生实际做出选择，随着课时和单元教学活动的推进、学生认知水平的提升，从高结构的探究活动逐渐向低结构的探究活动发展，设计符合学生发展要求的活动任务单，逐步减少支架，达到学生自主探究、自主学习的目的。

1. 课时活动设计——加强逻辑关系，形成任务侧脉

系列式学习任务单一个课时几个活动的设计要注意前后的逻辑关系，一个任务是一次攀登，上一个任务的完成，又成为下一个任务的起点，形成任务脉。学生经历多次这样的学习活动以后，自我设计实验、收集实验数据、改进实验的能力也会得到显著的提高。

以"磁铁"单元第二课时《磁铁可以相互排斥和吸引》为例，教师在确定了学习目标与活动目标后，设计了三个探究活动：（1）探究条形磁铁，感受排斥、吸引现象。（2）探究其他形状磁铁（圆形、环形、方形、马蹄形），感知排斥、吸引是磁铁的一般特性。（3）利用磁铁排斥、吸引的特性，为磁铁做标记。对应的系列式学习任务单"活动要求""活动记录"如下（见图 2-5）：

活动一　认识条形磁铁的性质

活动要求：让两块条形磁铁慢慢靠近，仔细观察现象，用"→"把你的发现表示出来。

活动记录：

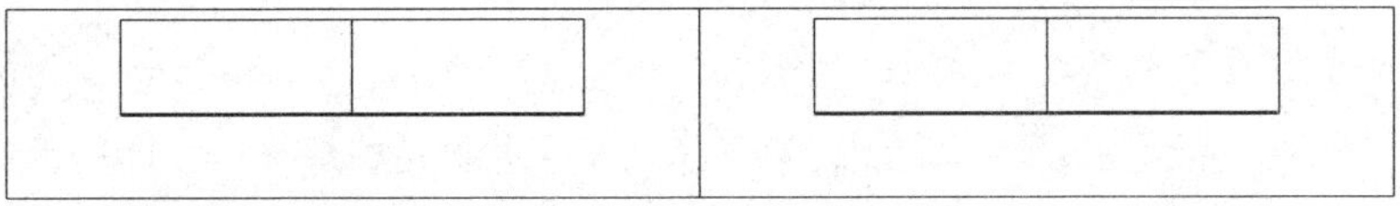

我们发现：磁铁间有（　　　）和（　　　）的现象。

活动二　认识其他磁铁的性质

活动要求：让两块其他形状的磁铁慢慢靠近，仔细观察现象。

活动记录：

我们组选的是（ 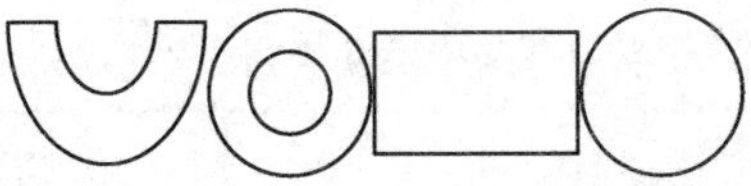　　　　　　　　　　　）形磁铁。（圈出你们的选择）

我们发现：这种磁铁（有/没有）互相吸引和排斥的现象。

活动三　给磁铁贴色

活动要求：小组合作，根据不同磁铁靠近后的现象，给没有颜色的磁铁贴上红色和蓝色。

活动记录：

图2-5　《磁铁可以相互排斥和吸引》系列式学习任务单

　　以上三个活动任务，前后紧密关联，层层递进。条形磁铁的磁极明显，所以互相作用的现象也比较明显，学生很容易发现条形磁铁间有排斥和吸引的现象。在此基础上再探究其他形状磁铁时，学生就会比较容易发现其中的规律。最后，学生利用对磁铁性质的认识，完成对各种形状磁铁贴色的游戏，认识到磁铁排斥和吸引的性质是其本身的特性，从而达成本课时"知道磁铁具有排斥和吸引现象"的学习目标。

2. 单元活动设计——体现进阶关系，形成任务主脉

基于单元的系列式学习任务单设计将教学活动的解读视角从一个课时提升到一个单元，是对整个单元的整体解读，这是一种基于整体的思考方式。教师不仅要关注整个单元中各知识点之间的显性联系，更要对这个单元的教学内容和教学活动进行全盘考虑、合理安排，才能完成单元学习任务单的设计。在具体设计时要注意前后活动内容与形式由繁到简、有坡度，形成任务脉。

如在设计"磁铁"单元的系列式学习任务单时，我们就遵循以上原则，通过层层分析，确立了以下各级目标，最终确定了具体的任务单活动（见表2-4）。

表2-4 "磁铁"单元学习任务单活动与各级目标对应情况表

学习目标	活动目标	学习任务单活动
1. 通过观察、体验等活动，知道磁铁有磁性，能吸引铁和一些钢，并能列举磁铁在生活中的作用。	1. 能用磁铁靠近铁片和一些物品，观察现象，发现磁铁可以吸引铁和一些钢。 2. 阅读故事，说出磁铁的生活应用。	1. 用磁铁靠近铁片，发现磁铁有磁性。 2. 用磁铁靠近其他物品，发现能被磁铁吸引的物品是铁和一些钢。 3. 阅读并完成选择。
2. 通过观察、体验，发现磁铁具有相互排斥和吸引的特性，并能列举生活中对这一特性的应用。	1. 用不同形状的磁铁相互靠近，感受排斥和吸引的现象。 2. 能通过给磁铁贴色的活动，知道磁铁间相互排斥和吸引是其本身的特性。	1. 认识条形磁铁有排斥和吸引的特性。 2. 感受其他形状的磁铁，发现也有这种现象。 3. 给一些没有颜色的磁铁贴色。
3. 通过观察、体验，发现磁铁具有指向性，并能	1. 利用磁铁能够排斥和吸引的特性，推测指南针的结构。	1. 感受指南针，推测指南针里有磁铁。 2. 悬挂磁铁，知道磁铁有指向

学习目标	活动目标	学习任务单活动
列举生活中对这一特性的应用。	2. 通过制作使用指南针的活动，知道磁铁可以指南北，感受古代劳动人民的智慧。	性。 3. 阅读并完成选择。

（说明：表中"学习活动单活动"一栏中下划线部分为学生在活动后填写的部分。）

如果说单元学习目标是单元学习的总任务，那么单个课时活动就是总任务下的分任务。每个分任务有机地组合在一起，形成任务脉。本单元的总任务是知道磁铁的一些特性。在开展教学活动前，有的学生认为磁铁只可以吸引铁，有的学生则认为磁铁可以吸引所有的金属。学习任务单活动设计基于学生的前概念，以"知道磁铁可以吸引铁和一些钢""知道磁铁可以相互吸引和排斥""知道磁铁有指向性"为任务脉，设计具体学习任务单活动。各个活动间环环紧扣，层层深入，学生围绕单元总任务，展开了一系列由简单到复杂的探究活动，在此过程中建构了科学概念。

如下示例（见图2-6），"活动要求"部分明确了学生探究的方法与步骤，学生可以在阅读任务单后，明确具体的活动要求，从而有目的地开展探究活动。而"活动记录"部分的呈现方式，决定了探究活动的开放性。在第一课时中，学生用磁铁靠近铁片，发现铁片被磁铁吸引，"活动记录"中以选择题的方式为学生归纳呈现实验结果提供一定的方法指导，学生很容易得出结论：磁铁有磁性。学生经历第一、第二课时的学习，了解了磁铁的一些基本特性，知道磁铁有磁性，可以吸引铁和一些钢，可以相互排斥和吸引。第三课时的活动设计基于前两课时，探究难度有较大提升。在结论呈现时，以表格和填空取代选择，引导学生自行开展探究活动并归纳总结实验结果，从而达成了学习目标，促进了学生思维的发展。

总之，学习任务单使用的最终目的是使学生在经历学习后，逐渐脱离支架的辅助，能够在没有教师引导的情况下开展自主学习。因此，随着学生对科学

《磁铁可以吸引铁和钢》活动任务单一

活动一　与小铁片交朋友

活动要求：尝试把磁铁靠近铁片，观察铁片是否会被磁铁吸引。

活动记录：我们发现：铁片（ⓐ会/不会）被磁铁吸引，磁铁（ⓐ有/没有）磁性。

（圈出正确答案）

《磁铁非常有用》活动任务单二

活动二　制作指南针

活动要求：

1. 根据提示，完成简易指南针的制作。

2. 用手轻轻拨动简易指南针，当其静置时，观察红色一端的指向，用"√"表示。

活动记录：

	指向东	指向南	指向西	指向北
第一次		√		
第二次		√		
第三次		√		

我们发现：磁铁静置时，红色一端始终指向南方，磁铁有指向性。

图 2-6　活动任务单"活动要求""活动记录"部分设计示例

概念的获得和学习经验的累积，教师在设计系列式学习任务单时，可以撤离一部分支架，逐步提高探究的难度。学生能够在"攀爬"的过程中学会自我探索，自行建构。而教师的作用更倾向于组织交流、提供资源，引导学生自主开展学习活动。

（二）方法和策略

系列学习任务单每页的另一侧是每个活动的活动评价单，它由"活动目标"和"评价标准"两部分组成。学习任务单评价依据学习目标和活动目标确定，是教师对学生关键问题等进行检测的任务文本。所以，这种学习任务单兼具检测学习效果的功能，是对学生学习情况和教师教学状况的一种反馈。

活动评价单中"评价标准"栏的设计应简洁明了，便于学生阅读和理解。一般情况下，"评价标准"栏无法对该活动的所有内容进行全面测评，因此教师在设计时，应当选择对"活动目标"中的关键问题进行评价，可对知识、观点评测，也可对探究活动过程、态度价值观进行评测，并保证所设计的评价内容与教学目标的关键问题是相匹配的。

以"磁铁"单元第三课时《磁铁非常有用》为例，根据学习目标和活动目标，我们制定了如下评价标准（见表2-5）。

表2-5 《磁铁非常有用》评价标准与各级目标对应情况表

学习目标	活动目标	评价标准	活动名称
通过观察、体验，发现磁铁具有指向性，并能列举生活中对这一特性的应用。	利用磁铁能够排斥和吸引的特性，推测指南针的结构。	1. 合理猜想。 2. 说出猜想的理由。	解密指南针
	通过制作、使用指南针的活动，知道磁铁的特性。	1. 按序操作。 2. 及时、准确记录。	玩转指南针
	通过阅读活动，感受	1. 认真阅读。	阅读与交流

学习目标	活动目标	评价标准	活动名称
	古代劳动人民的智慧。	2. 与同伴分享阅读成果。	

活动任务单设计示例如下（见图2-7）：

活动二　制作指南针

活动评价单

活动目标：

通过制作、使用指南针的活动，知道磁铁的特性。

评价标准：

1. 按序操作☆

2. 及时、准确记录☆

（说明：小组自评，根据完成情况在相应的☆上打"○"。）

活动任务单

活动要求：

1. 完成简易指南针的制作。

2. 用手轻轻拨动简易指南针，当其静置时，观察红色一端的指向，用"√"表示。

活动记录：

	指向东	指向南	指向西	指向北
第一次				
第二次				
第三次				

我们发现：磁铁静置时，红色一端_____
_____，磁铁有_____性。

图2-7　《磁铁非常有用》活动任务单二

　　评价标准是对学习活动过程中的问题思考或对任务完成情况的自主评定，是教学评价的重要组成部分。评价标准一般采用勾选或星级评价形式，也可部分开放填写。

四、 任务脉的实践成效

学习任务是指教师和学生为了达成特定学习目标而进行的操作总和。学习活动是学习任务中一个个进行科学实践的具体操作环节。学习任务一般包括：自学自测、问题讨论交流、案例分析与讨论、专题研究性学习、头脑风暴、视频讲解、文献搜索与观点整理等。

各学习任务脉都强调引导学生"在科学实践活动中"实现知识、技能和思想情感、文化修养等多方面、多层次目标的发展。小学科学的课程目标是培养学生的科学素养，并应为他们继续学习、成为合格公民和终身发展奠定良好的基础。学生通过科学课程的学习，保持和发展对自然的好奇心和探究热情；了解与认知水平相适应的基本的科学知识；体验科学探究的基本过程，发展科学探究能力；发展学生的学习能力、思维能力、实践能力和创新能力，以及用科学语言与他人交流和沟通的能力；形成尊重事实、乐于探究、与人合作、关爱生命与自然的科学态度；了解科学、技术、社会和环境的关系，具有创新意识、保护环境的意识和社会责任感。

科学学科实践活动课程是这样的一种课程组织形式：它超越了传统单一学科的界限而按照水平组织的原则，将人类社会的综合性课题、跨学科性知识和学生感兴趣的问题，以单元活动的形式统整起来，通过学生主体的、创造性的问题解决学习活动，有机地将学问性知识与体验性知识、单一学科性知识与跨学科性知识、社会课题与学生问题、理论与实践、课内与课外、校内与校外结合起来，以促进学生身心和谐发展。

学习品质的提升立足于任务驱动的践行。以学习任务脉为中心实施单元教学，以科学学科核心素养为纲，以学生的动手实践为主线，以单元任务为导向，以学习项目为载体，整合学习情境、学习内容、学习方法和学习资源，引导学生在动手实践过程中提升科学素养。

在开展活动时，将评价前置，引导学生阅读"评价标准"栏，有利于学生明确活动目标和要求，活动的方向性更明确。在评价方式上通常采用学生自评为主、师评与互评相结合的方法。这样的评价方式解决了以往教师评价的滞后性和局限性问题，使评价更及时、有效。教师可以根据学生任务单的记录情况，了解学生自我管理的水平，学生自己也可以审视、反思自己，从而不断调整自己的行为，由他律转向自律。

　　总之，指向学习品质提升的任务脉驱动教学的设计与实施过程是教师对教学任务的科学组织和有效建构。它不仅能帮助教师从单元的视角整体审视教学内容和活动架构，做到科学设计和有序安排，还能够激发学生的学习兴趣，转变学生的学习方式，引导学生主动学习和自主学习，从而提升教学的有效性。

　　　　　　　　　　　　　　　　　　　　　（撰稿人：单晓斌　朱晓丽）

第三章

任务梯：步步深入的层进学习

　　任务梯是根据儿童的个性差异、结合所学知识进行设计的阶梯式任务。任务梯中的每一个任务都具有适当的难度，具有层次性，是以由易到难、步步深入的形式呈现的。任务梯有利于儿童带着任务循序渐进地学习，使之不断处于思考和探索的学习状态。针对不同水平的学习者，需要设计不同的任务单。一节课中的任务的难度层层递进，有利于激发儿童的好胜心，调动儿童的学习兴趣。

任务梯是在教学设计时以发展学生核心素养为主，以学生的知识、能力、情感态度价值观等个性差异为根据，与所学知识相结合而进行设计的学习任务。以任务为驱动，能让学生认真思考，以发现、分析解决问题为主；让学生带着任务学习，成为课堂学习的主体，教师引导学生，使学生不断处于思考和探索的学习状态。本章以体育学科为例展开阐述。

一、任务梯的内涵与特征

任务梯具有适当的难度、可行性和探索性，具有层次性，由易到难，步步深入，以阶梯形式呈现，引导学生带着任务学习，逐步掌握所学运动技能，主动获取知识并构建完整的知识体系，在体育学科实践活动中落实核心素养（见图3-1）。

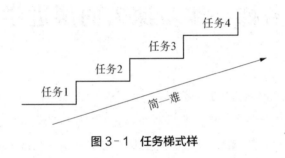

图3-1 任务梯式样

二、任务梯的设计

（一）目标的设计

在设计目标时，需要将学习品质考虑进去，让学生能够在完成目标的过程中，提升自我技术水平，锻炼意志品质，将道德教育贯穿课程教学。对于整个课程而言，目标的设计需要层层递进，让学生从提升自我运动技能到团结互助，再到学会评价。根据《义务教育体育与健康课程标准（2022年版）》、学情和学习内容，设计单元及课时的学习目标；依据单元学习目标，围绕单元主题情境，设计任务目标；将任务目标分解为若干项任务分目标。任务目标是学习目标的具体体现，我们设计了以下三个目标：基于小学体育与健康学科的特点，构建以学习为中心的基本任务驱动的课堂学习方式，促进学生运动技能的提升，提高课堂的品质；建立校本化学习品质表现性标准，设计并形成学生学习品质的校本化指征和观察量表，运用评价结果支持教学策略；基于学习任务驱动，立足课例实践，探索任务驱动下指向学习品质提升的小学低年级体育与健康课堂"动作美"的实施策略与方法，提升学生的学科核心素养和学习品质，实现小学体育课堂教学效率的最大化。

（二）任务的设计

任务具有一定的指向性和引导性，让学生能够在学习时有一定的目标。任务设计是以学生的学习活动为主线进行教学设计的，以任务单为载体，帮助学生获得学习成功。任务单赋予学生一定的资源条件，以任务形式引导学生完成指定的动作，在完成任务的过程中，提高自我的运动技能水平。针对不同水平的学生，需要设计不同的任务单。一节课中任务的难度层层递进，有利于激发学生的好胜心，调动学生的运动兴趣。在《少儿圈操：哪吒玩转乾坤圈》这节课中，我们最终设计了情境中体会动作（哪吒学本领，尽显神通）、节奏与动作创编的配合（哪吒提技能，莲花化身）、创编成果大展示（哪吒大闹海，成果展示）这三个任务，基于学生认知水平，在把握教材的基础上，确定适切目标。任务设计科学合理，表述清晰贴切，学生在一个个任务的驱动下有序、递进式地不断提升自主、合作、学习、掌握能力，运动能力不断得到提高。

（三）设计原则

1. 渐进式原则

目标和任务的难度应该层层递进，让学生逐步地掌握运动技能。在课的设计中，不脱离单元的设计，使得每个单元也能够层层递进，从而达到最终的教学目标。

2. 多样性原则

目标和任务的设计应该考虑到学生身体素质的不同，针对不同的学生不仅需要有不同的任务目标，还需要有多样的任务供学生选择。任务的难度以学生们跳一跳能够完成为宜，这样能够更好地激发学生运动的挑战兴趣。不同的学生完成不同的任务，争取让每一个学生都能够在课堂中体验到运动成就感，让学生逐渐由被动向主动参与体育锻炼转变，为实现学生终身体育打下基础。分层教学这种新型的教学模式是一种根据每个学生的不同需求进行高效教学的方式。①

3. 全面性原则

在课的设计中，需要考虑学生的运动能力、健康行为和体育品德，需要排除安全隐患、增强学生体能、提高学生技能、培养学生品质、促进学生学习，让学生得到全方位的提升。时代不断发展，当今社会需要的是综合素质过硬的人才。在小学时期紧抓学生素质教育，会为今后储备优秀人才奠定基础。素质教育应当在小学生体育教学中体现出来，促进学生综合素质全面发展。②

三、任务梯的教学实施

体育这一课程是素质教育背景下的重要学科，新课改的深入要求体育教师在为学生传授体育技能的同时，还需要为学生渗透体育思想、精神、道德以及意志力等德育内容，来促进学生身心共育。③ 要从体育与健康学科角度阐述聚焦核心素养，深化课例研究。《义务教育体育与健康课程标准（2022 年版）》将落实"教会、勤练、常赛"纳入课程理念。④ 在这一背景下，体育教师在教学过程中需紧紧围绕核心素养，一体化推进"教会、勤练、常赛"，进一步完善课程体系，建立保障机制，真正做到学、练、赛相结合，助力学生掌握技能、增强体能、塑造体育精神，逐步形成正确的价值观、必备品格和关键能力，实现身心健康全面发展。体育与健康课程围绕核心素养，体现课程性质，反映课程理念，确定课程目标。它要培养的核心素养，主要是指学生通过课程学习而逐步形成的正确价值观、必备品格和关键能力，包括运动能力、健康行为和体育品德等方面。体育教学也一直在深化改革与创新，凸显教师的指导地位和学生的主体地位及学生学习方式的创新。

教师应跟进新课程改革深入的步伐，无论在教学理念上还是教学方法上都应该"以生为本"，研究学生发展核心素养是落实立德树人根本任务的一项重要

---

① 杨艳. 新课程背景下分层教学发展研究 [D]. 上海：上海师范大学，2011.
② 刘金利. 素质教育在小学体育教学中的实施 [J]. 科学咨询（科技·管理），2019，15
（14）：102—106.
③ 范绍新. 在小学体育教学中有效渗透德育的思考 [C] //廊坊市应用经济学会. 社会发展——跨越时空经济基础论文集（一），2023.
④ 中华人民共和国教育部. 义务教育体育与健康课程标准（2022 年版）[S]. 北京：北京师范大学出版社，2022.

举措，也是适应世界教育改革发展趋势、提升我国教育国际竞争力的迫切需要。任务驱动教学法作为一种体现人本教育的教学方法，与新课标所追求的课程思想性、科学性、时代性的教育理念不谋而合。"任务驱动，问题导向"充分体现了在教学活动中教师的主导地位与学生的主体地位，让学生带着问题去练习，在练习中去探究，在探究中掌握知识技能，培养体育核心素养，从而产生学习的愉悦感与成就感。传统体育教学是以保证基础知识、基本技能的传授为主，学生参与体育教学活动较为单一，而现在是理性地、多层次地、全方位地追求运动之美、享受运动的快乐，学生参与体育教学活动的理念更先进、认识更全面、目标更明确、追求更完美。运动之美、运动快乐已成为现代体育教学的主旋律和落脚点。因此，体育教学如何与学生的发展要求相适应，使体育教学具有时代性、创新性、灵活性和实效性，满足学生体育课堂动作之美的需要，实现学生运动之美的追求，体现学生运动之美的价值，使体育教学与运动之美更好地融合发展，更加有效地促进和提高学生身心全面健康发展，是急需解决的重要难题。

对标区内主题和新课标要求，教研组立足实际开展了"美丽课堂"的实践，基于"美丽课堂"的探索，围绕核心素养审慎研究深化，聚焦于体育健身课堂动作美，确立了"基于学习任务驱动的小学体育与健康课堂'动作美'的实践研究"项目，来助推学校基于学习任务驱动的美丽课堂的建构研究，结合小学体育课堂教学实际情况，对任务驱动教学法的理论基础和基本特征进行分析，将这一教学法运用到小学体育课堂中进行对比研究，证明任务驱动教学法能够使学生更好地掌握体育运动技能、完善动作美。

（一）步骤和环节

1. 制定目标，明确内容

根据课程标准、学情和学习内容，设计单元及单课时的学习目标；依据单元学习目标，围绕单元主题情境，设计任务目标；借助目标分解方法，将任务目标分解为若干项任务分目标。体育教学设计根据教材的重难点以及结合学生生理特点、技能掌握情况进行设计，任务目标是学习目标的具体体现，是任务设计的参考依据。

（1）基于小学体育与健康学科的特点，构建以学习为中心的基本任务驱动的课堂学习方式，促进学生运动技能的提升，提高课堂的品质。

（2）建立校本化学习品质表现性标准，设计并形成评价学生学习品质的校本化指征和观察量表，运用评价结果支持教学策略。

（3）基于学习任务驱动，立足课例实践，探索任务驱动下指向学习品质提升的小学低年级体育与健康课堂"动作美"的实施策略与方法，提升学生的学科核心素养和学习品质，实现小学体育课堂教学效率的最大化。

基于任务目标，思考及明确完成任务目标需要设计的任务内容即学习活动。就体育与健康学科而言，学习活动是学习任务中一个个进行运动实践的具体操作环节。因此，学习任务包含了多个学习内容，多个学习内容有序组合成学习任务。我们明确以下内容：

（1）调查我校小学低年级体育与健康课堂教学现状，并作情况分析。

（2）基于学习任务驱动的有效环节，探索完善"动作美"的任务设计及课堂诊断工具，提升体育课堂品质。

2. 结合实际，落地实施

（1）访谈调查现状分析

体育教研组结合学校实际开展的"美丽课堂"，确立"基于学习任务驱动的小学体育与健康课堂'动作美'的实践研究"项目。首先，我们对体育任课教师进行访谈，了解现在体育与健康课堂教学中出现的问题。体育教师对基于任务驱动的教学意识是有的，每个单元都有着单元问题链的引领，但实践过程中发现任务驱动教学在课堂应用过程中会受到传统教学因素影响，部分教师对任务驱动实施的理解与实际上实施步骤存在偏差。

任务目标设定不明确。在设计任务时，教师对于任务与教学目标之间的联系比较模糊，对于任务与单元教学目标以及分课时目标之间的对应关系、匹配程度甚至任务的难易程度还琢磨不清，任务展开的效果不理想。

任务驱动开展有难度。在任务设计完之后，教师就要展开一系列的活动来推进任务的实施。在实施过程中，不同的任务需要不同的活动来完成。基于低年级学生的能力目标而言，能够开展的任务活动比较有限，难度较大的活动不适合进行。因此教师在开展活动时，任务实施的有效性、趣味性等因素还有待继续研究商讨。

综上所述，基于任务驱动的低年级体育与健康教学的设计是一项难度较大的任务，只有经过充分思考、反复研究和不断调整，教学设计才会有效，符合低年级学生核心素养要求。

（二）方法和策略

1. 确定研究课例

基于任务驱动进行课例研究，对低年级的课例展开研讨。经过体育组成员的讨论，展开对基于学习任务驱动的小学体育与健康课堂"动作美"的课例研究，以二年级《少儿圈操》为例，体育组成员进行观课，并共同进行教研活动。

本次研究，由学校课题项目组和体育教研组共同合作完成，分为"启动—实施—总结"三个阶段实践研究，采用一课一人三上的形式进行（见表3-1）。

表3-1 课题研究活动过程安排表

阶段	具体任务安排				参与人员	
启动阶段	1. 确定研究主题、执教者和教学内容 2. 确定研究方案 3. 设计任务属性表，初步设计课堂观察表				学校项目组	
实施阶段	二2班 二3班 二4班	《少儿圈操》	1. 分析学情、教材 2. 设计改进课堂观察表 3. 实施前后评价		范丽丽	体育组项目组
	1. 上课教师反思"磨课"历程 2. 教师从观察角度、前后评价写感受 3. 教研组长总结整个过程的教研历程				体育组	
总结阶段	1. 初步完成课例研究报告 2. 修改完成课例研究总报告				项目主要负责人	

在启动阶段，我们谋划了课例研究方案，初步设计了任务概述、任务目标、分任务实施步骤和任务评价等内容的"动作美"任务属性表（见表3-2）。

表 3-2 "动作美"学习任务单属性表

学科：		年级、班级：				执教者：						

任务概述	任务 1											
	任务 2											
	任务 3											
	……											

任务目标	任务 1											
	任务 2											
	任务 3											
	……											

分任务步骤		学习水平				任务难度			组织形式		学习支架				预估时间
		知道	理解	运用	综合	易	中等	难	个别	小组/全体	概念	程序	策略	元认知	
	任务 1														
	任务 2														
	……														
	任务 1														
	任务 2														
	任务 3														
	……														

任务评价		评价对象		评价形式			评价侧重点				评价方式			评价形式	
		个体	小组	书面交流	口头表达	其他行为表现	态度	能力	方式	成果	教师评价	同伴评价	学生自评	活动中	活动后
	任务 1														
	任务 2														

学科：		年级、班级：						执教者：			
	任务 3										
	……										

在实施阶段，我们分析了学情（见表 3-3），改进了课堂观察（见表 3-4），进行了体育学科课堂分析（见表 3-5）。

表 3-3　学情分析

教学对象	身心特点	能力水平
上海同济黄渡小学二年级学生	二年级学生个性天真活泼，模仿能力强，爱展现自我。在教学中学生对具有展示性的圈操有浓厚的学习兴趣，但是该教材要求学生要有较好的协调性和灵活性。所以在本单元的教学过程中循序渐进地进行教学，创设情境，让学生在玩中体验，玩中创造，并建立动作表象，保持他们学习的欲望和爱好，从而达到良好的教学效果。	二年级学生初步学习圈操，对于该教材的认知能力还不强，自身的动作感觉、音乐节奏掌握还比较弱，全身协调用力的能力还不够。音乐节奏的辨别能力有待提高。

表 3-4　"动作美"体育组课堂观察记录表

观察对象	观察主题	观察描述 观察学生学习的具体表现，例：对于任务学习的投入度（动作、参与等）、对于任务的掌握程度等
学生学习	任务 1 内容：	
	任务 2 内容：	
	任务 3 内容：	
	任务 4 内容：	
	……	

表3-5　体育学科课堂分析表

观察维度		观察综述
学科教材	目标适切度	
	任务达成度	
教师教学	任务设计合理性	
	任务呈现层次性	
学生学习	运动认知	能掌握圈操的基本技术动作，能在教师口令和音伴下，和同伴一起学会圈操成套动作。
	健身实践	能在情境和游戏中体验圈操的基本动作，具有良好的身体姿态。
	社会适应	乐于展示自我，会欣赏同伴，能主动参与集体性的学练活动。

2. 课例实践

以区教学评比为契机，我们重点研究了《少儿圈操》一课，在磨课过程中，三改任务设计，总结提炼出相关设计任务、任务驱动课堂的经验。

第一轮授课：局限课堂任务设计，偏离重难点

上课教师独自研究教材，备课之后，梳理出了《少儿圈操》的三大板块，即圈操基本技术、动作与音乐的配合、成套动作的展示，并且设计了8个任务（见表3-6）。

表3-6　"动作美"学习任务单属性表

学科：体育		年级、班级：二2	执教者：范丽丽
任务概述	任务1	按口令迅速做出相应反应	
	任务2	熟悉音乐正确踩点	
	任务3	圈操基本技术动作包括哪些	
	任务4	各动作的要点是什么	
	任务5	怎样做到动作舒展正确	
	任务6	动作与音乐节奏的配合	

学科：体育	年级、班级：二 2	执教者：范丽丽
任务 7	自由创编组合动作	
任务 8	成套动作的展示	

针对第一次在二 2 班授课过程中出现的问题，我们总结如下：

（1）教师设置的任务不明确

本次实践课中发现教师对任务驱动的概念理解不清，错误地将教学内容环节与任务混淆，在任务设计上没有重点体现任务是什么以及如何实施任务。在课堂实践后方知理论指导意义的重要性。

（2）任务繁多，主次不分

教师设计了 8 个任务，认为设计任务越多就越凸显学生的主体地位，课堂看似丰富，却把任务和课堂练习混为一谈，重点不够突出，过多的任务占据了学生思考交流的空间，创造性活动时间过短，以完成任务作为一种任务进行教学，没有达到真正意义上的任务驱动的教学效果。

原本预设的学生创意活动因为体验时间不足、体验不深而不能有效开展。二 2 班这节课，学生疲于完成任务而无暇思考，课后评价呈现的结果也不理想。尤其，针对教学重难点设计的后评价显示学生对于圈操动作掌握不够透彻。课堂实践后，课题组成员针对出现的问题及时梳理。

第二轮授课：明确教学重难点，确定设计思路

针对任务概念不清、设计目的不明，体育组开始了第一次集体备课，再次解读教材的重难点，明确本节课的重难点并进行细化。在重难点任务设计中，明确任务主次，做到教有重点，明确大思路统整任务。

本课时的任务设计是建立在第一课时的基础上的，也为下一课时的任务做铺垫，任务设计的目的和分层都有体现。因此，重点是对任务进行调整，使任务更加富有单元整体性。

基于备课分析，我们再次进行任务设计，将 8 个任务总结修改为 4 个（见表 3-7）。

表3-7 "动作美"学习任务单属性表

学科：体育	年级、班级：二3	执教者：范丽丽
任务综述	任务1：熟悉音乐正确踩点 任务2：正确做出动作 任务3：节奏与动作配合 任务4：成套动作展示 这四个任务是层层递进、相互支撑的关系，任务1是任务2的基础，同时任务3的完成一定需要任务1和任务2的支撑，任务4是前三个任务的综合展示。	
……	……	

二3班学完后，我们又进行了课后评价。第二次的课例实践，给我们带来思考：整合任务，明晰教学思路。任务设计要从学生认知出发，而不是一味讲解。因此，我们把之前设计的任务进行整合，把任务和课堂练习进行合理区分，突出重点，给足学生思考交流的空间，创造性活动时间增加，教师教学思路更加清晰。

不过，第二次课例也暴露出任务的表述过于抽象的问题。学生容易僵硬地做出动作，对于任务中具体怎么做的表述不清晰，影响学生理解、交流。

第三轮授课：完善任务，改进动作

第三次任务设计完善了任务的表述，厘清了任务之间的关联。在任务1"情境中体会动作"中，教师通过组织学生在"哪吒尽显神通"的情境中体会动作，让学生牢记圈操摆动、转动等动作的结合，并通过观察教师示范动作领会动作要领。学生通过情境故事童谣、教师带领示范两个活动完成任务1。在任务2"节奏与动作创编的配合"中，教师通过口令、音乐等形式让学生体验不同动作风格、了解圈操的动作特点后，舒展完成动作。在这里，学生会发现任务2的实施是建立在任务1的基础之上，在领悟了圈操动作特点后，才会联想出不同动作组合，学生在创编过程中，自然而然就会明晰各动作要点的不同。任务2也是任务3的基础。在创编完动作之后，学生就会情不自禁地流露出对展示的期望。任务3检验了学习的成果。任务设计不仅层层递进，而且提升了学生学习能力，培养了学习兴趣（见表3-8）。

表3-8 "动作美"学习任务单属性表

学科：体育		年级、班级：二4	执教者：范丽丽
任务 综述	任务1：情境中体会动作（哪吒学本领，尽显神通） 任务2：节奏与动作创编的配合（哪吒提技能，莲花化身） 任务3：创编成果大展示（哪吒大闹海，成果展示）		
……	……		

第三次课例实践后，我们再次进行课后评价。对比二2、二3、二4三个班级的课后评价表，我们发现二4班的优秀率明显高于前两个班级，掌握自编圈操成套动作程度比较理想。

综上所述，教师基于学生认知水平，在把握教材的基础上，确定适切目标，任务设计科学合理，表述清晰贴切。学生的学习不再盲目，他们在一个个任务的驱动下有序、递进式地不断提升自主、合作、学习、掌握能力，运动能力不断得到提高。

3. 基于课堂，改进策略

经历了课例实践改进过程，我们发现：在任务驱动下的体育与健康课堂教学，能够最大程度地激发学生的学习兴趣，挖掘学生潜在的运动能力。在整个过程中，学生进行思考、讨论、表达，学习方式的改变直接影响了学生学习的参与度和投入度。

因此，我们可以得出这样的改进策略：

（1）优化任务设计，明确教学目标

教学目标决定课堂教学方向，直接影响课堂教学效果。将教学目标转化为学习任务，把教学的重点、难点等转化为多个问题，问题与任务之间形成一种进阶关系，使原本难以实施的自主学习变得可以操作，让学生带着问题去练习，在练习中探究问题，在探究中掌握知识技能，培养体育核心素养，从而产生学习的愉悦感与成就感。学习任务必须是立足学生学情、基于教学内容、聚焦教学重难点而设计的有思维含量的学习问题，学习任务需与教学目标相呼应。

（2）创设情境任务，激发学习兴趣

设定情境性任务目标，把知识还原为丰富生活，使活动内容有趣，具有挑战性。以情境为导引，启发、激励学生完成对认知对象的思维探索过程，可以有效培养学生的思维能力、创新能力和实践能力，符合中小学生的认知规律。通过情境任务的设立，激发学生学习的积极性，由外驱力逐步转为学生自身的内驱力，学生进行群体协同，学生在课堂学习的气氛更加活跃，学习的兴趣大大提高，从而课堂教学效率提高。

（3）有效推进任务，教学顺利开展

教师设计特定的任务，要站在学生立场，任务表达清楚易懂，数量不宜过多。设计任务应根据单元整体，主线清晰。一堂课的任务设计 3 到 5 个为宜。任务要精炼，层层递进，一堂课中设计的各个任务，不是孤立静止的，而是有关联性的。它们之间有内在联系，每一个任务由若干个小活动来支撑，由浅入深、层层推进。小任务组成大任务，任务之间构成一条主线。教师思路更加清晰，任务进行也会更加顺畅，最终达成课堂教学目标。有效推进任务开展，为学生学习提供适宜的方式。在基于任务驱动的课堂教学方式的引导下，学生在经历任务的学习中改变了学习方式，学习兴趣更浓厚，探究合作更有条理，学习思维更有逻辑。学生能自觉地把新旧知识技能进行联结，建构新的知识体系，学习体现了过程性。更重要的是，任务驱动下，教师课堂语言的条理性、完整性无形地影响学生的表达方式；任务设计的层次性、结构化无痕地引导学生的思维方式；学生的理解能力在此潜移默化中得到了提升。有效推进任务，教学才能顺利开展。

 创意设计

哪吒玩转乾坤圈
——以二年级《韵律：少儿圈操》为例

（一）案例背景

根据体育新课标和区内主题要求，我校立足实际开展了"美丽课堂"的实践，体育教研组聚焦于体育健身课堂"动作美"，确立了"基于学习任务驱动的小学体育与健康课堂'动作美'的实践研究"项目。水平一《体育与健康》教材基本内容Ⅰ中身体表现健身乐园中的圈操是韵律环节创编主要内容，侧重培养正确的身体姿态与肢体的表现，对学生的体能、协调性、灵活性以及对音乐节奏的掌握都有要求，学生通过学练进一步掌握自编圈操动作的技术要领，动作和节奏准确，同时学会队形的简单变换，并能跟着音乐的节奏展示动作，让学生充分认识到圈操的锻炼价值。结合小学体育课堂教学实际情况，对任务驱动教学法的理论基础和基本特征进行分析，将这一教学法运用到小学体育课堂中进行对比研究，循序渐进地进行教学，由简到难，学生在玩中体验，玩中创造，证明任务驱动教学方式能够使学生更好地掌握体育运动技能，为完善"动作美"提供依据，从而达到良好的教学效果。

（二）案例主体

课堂片段如下：

师：同学们，今天老师给你们带来了一位新的朋友，你们看：他是谁？哪吒。我们化身小哪吒玩转乾坤圈。（导入，引出课的主题）

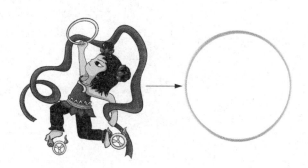

师：要想练好乾坤圈没有那么简单，必须跟着老师完成一系列任务闯关才能成功，有没有信心？

任务1：哪吒学本领，尽显神通（情境中体会动作）

师：听音乐，先进行专项柔韧练习，活动开我们的身体。

师：摆动——钟摆式弧形动作小于360度，单手换双手。绕环——大于360度的圆周运动。转动——圈在虎口处沿着掌心、手背连续进行圆周运动。绕8

字——体前螺形绕。穿过圈——体侧的人从圈中穿过。对滚圈——两人一组滚动圈。

任务2：哪吒提技能，莲花化身（节奏与动作创编的配合）

师：想不想配合音乐展示动作？老师把动作编成了一个口诀，先看老师的示范动作（边说边做）：

小哪吒

下看上看、下看上看、起来放下，

什么也没有发现。

跑动、跑动，

左打打、右打打，

跑动、跑动，

左打打、右打打，

有点不耐烦了。

举圈放下、举圈放下、跑一跑，

转圈绕环，开心极了！

任务3：哪吒大闹海，成果展示（创编成果大展示）

关卡1：哪吒宝典

师：老师给大家准备了一个哪吒宝典，这些泡沫垫上有不同的动作图片，大家可以任意移动，将不同动作进行组合创编。

关卡2：PK舞台

师：大家今天都学会了很多本领，想不想展示一下？分组PK，利用我们的圈作为评分板，放下表示三星，需要改进，放胸前表示四星，比较好，举起来竖两个大拇指，表示非常棒。

（三）案例反思

1. 创设情境，激发学习兴趣

良好的教学情境不仅可以促进学生掌握知识与技能，更能使学生在学练的过程中体会到丰富的活动内容，从而激发学生的学习兴趣，进而提高教学效果。本课例根据小学生兴趣化及二年级学生年龄的特点，通过创设"哪吒玩转乾坤圈"的主题情境，充分激发学生学习"少儿圈操"的兴趣，教师遵循循序渐进的教学原则，合理采取用"情境设疑""启智引导""示范模仿""评价激励"的方法，抓住重点，突破难点，引导学生从直观认识到身体感知，从对动作方法了解到实践感悟，进行自主学习、合作探究，由浅入深、由易到难地学习与掌握技巧动作，在促进学生技能掌握、体育能力提高的同时，增强学生自主学习能力和合作探究意识，身心得到健康发展。

2. 循序渐进，体验成功乐趣

根据教材的性质、特点和动作结构，以及学生身心发展特点，教学内容设计由易到难，层层递进，设计中逐渐提升难度，增加学习的乐趣。首先教师语言引导学生听音乐，进入热身环节，结合针对本课主教材的内容进行练习，巧妙地把诱导性练习融入其中，循序渐进，充分调动学生学习的主动性，为学习新教材做好生理和心理上的准备，同时为学习主教材做好铺垫。其次在教学过程中引导学生组成学习小组，利用屏幕展示及自制图示等辅助器材，逐渐提高练习难度和练习密度，让学生由简到难，进行练习。学生主动参与，合作学练，层层递进，相互帮助，完成创编动作并达到一定要求，通过自评、互评、师评，不断提高圈操的动作技能。

3. 梯度设计，逐渐提高难度

根据教材内容的特点、运动技能形成规律，本课例运用了示范与讲解法、纠错与指导、合作与讨论法、评价等多种教学方法。第一环节是在情境中体会动作，通过创设情境，引导学生进入课题，初步进行模仿练习，为接下去的学习做好铺垫。第二环节是节奏与动作的配合，在注重自身学练的基础上，通过小组结伴合作学习、相互评价学习来完成教学目标。第三环节是成果展示，展示在动作质量和创编形式上取得的收获，以及自己在团队当中发挥的作用，体验团队合作所带来的成就感，树立信心，体验成功。

四、 任务梯的实践成效

1. 创设情境，提高学练积极性

任务梯驱动式教学要求教师在课堂里创设真实情境，引导学生产生同理心、定义问题、确定任务、分组讨论，然后学生根据任务要求自主学习并解决实践过程中出现的问题，完成动作后再通过学生展示和师生共同评价来完成教学任务。教学过程中，突破"以教师为中心"的传统模式，突出学生的主体地位，形成了"教师为主导、学生为主体"的新型教学关系。在明确的目标任务引领和教师总揽全局的指导下，学生的学习目标更清晰、阶段任务更具体，便于教师及时解决教学的难点、重点问题。任务梯驱动式教学能激发和保持学生运动兴趣，有了兴趣学生才会积极参与，才能养成坚持锻炼的习惯，树立终身体育意识。

2. 循序渐进，逐渐掌握动作技能

循序渐进是任务梯驱动教学的重要特征。在体育课程教学实践中，循序渐进主要体现在两个方面：一是理论学习和任务实现从易到难、从浅到深；二是任务开展从局部到整体、从模块实现到系统联调。体育课的特点决定了体育教学的特殊性，在教学中有一些动作技巧稍微复杂的项目学生很难掌握，由于动作需要连贯性，所以重难点很难突出，教师反复示范，学习效果还是不理想。这时，通过任务梯驱动教学，从易到难、从浅到深，学生的学习有明确的学习任务，可以大大提高课堂效率。

3. 聚焦课堂，落实核心素养

新课标背景下，核心素养的培育成为体育教学的目标。在实际教学中，任务梯驱动教学是为了达成学习目标，让学生完成各项学习活动，其实质就是利用任务激发学生主动学习的内在驱动力。这符合核心素养所要求的学生通过学习逐步形成正确价值观、必备品格和关键能力，积极参与体育活动，养成良好体育品德。在体育教学中，任务梯驱动教学在体育教学中的应用，有助于深化体育课程改革，把新课标精神落到实处。任务梯驱动教学是体育教学改革中的新型教学手段，紧跟教学时代步伐，对提高学生核心素养有实质性帮助。

（撰稿人：范丽丽　陈璘）

第四章

任务串：框架建构的统领学习

任务串是立足统领性学习任务，根据教学内容而设计的一系列极富个性和吸引力的关联性学习任务。每一个子任务都是为了解决统领性学习任务而存在的，内容循序渐进，符合儿童认知水平，符合学科教学逻辑。任务串有利于激发儿童学习自觉，增强学习主动性；有利于引导儿童探索学科逻辑、掌握学科知识、培养学科思维，提升学习品质。

一、 任务串的内涵与特征

（一） 内涵

《义务教育艺术课程标准（2022 年版）》指出："教师要以任务、主题或项目的形式开展教学，将知识、技能嵌入其中，通过综合性、创造性的艺术实践活动，促进学生深度理解知识、技能，提升综合能力。"① "提倡以单元的形式组织学习内容。单元的大小应根据不同的任务、学生的年龄特征确定，从整体到细节，处理好学科逻辑与生活逻辑的关系，并形成有特色的组织结构。"美术教师"要精心组织和设计学习任务，体现学科综合的理念，使学生在任务驱动下，有效提高综合探索和学习迁移的能力，帮助学生在情境中以问题为导向展开学习，实现从学科本位、知识本位到素养本位的转型。"② 学习任务串是由教师作为设计者，通过分析学生情况，站在学生的角度来考虑学习任务，依据教学目标确定单元总体框架和课时统领性学习任务，根据教学内容细化具体的关联性学习任务；是一种教师有针对性地设置一系列生动的、极富个性和吸引力的教学任务，以激发学生学习的自觉和兴趣、增强学生主体性，从而实现学生自觉学习、深刻体会、主动思考的最佳教学效果的模式。具体到美术学科的学习任务中，是美术教师为了促进学生在美术课堂的有效学习，在深入挖掘课标和美术教材的基础上，结合学生当前的认知水平、学习情况和实际生活，建立单元总体框架，立足于课时统领性学习任务，根据教学内容细化具体的关联性学习子任务，从而达成教学目标，提升美术教学品质（见图 4-1）。

（二） 特征

在美术课堂教学中，教师应把握单元教学目标，建立单元总体框架，围绕课时教学目标，立足统领性学习任务，根据教学内容细化具体的关联性学习任务为课堂教学的主要线索。学习任务串是一种与学习主题密切相关的任务，是由课时统领性学习任务串联起来的若干学习子任务组成。子任务的布置是一个由简单到复杂、由浅到深的过程，每个子任务之间有着递进和承上启下的关

---

① 中华人民共和国教育部. 义务教育艺术课程标准（2022 年版）[S]. 北京：北京师范大学出版社，2022：112.

② 中华人民共和国教育部. 义务教育艺术课程标准（2022 年版）[S]. 北京：北京师范大学出版社，2022：119.

图4-1 任务串式样

系，所有的学习子任务都是为了完成统领性任务目标而设定的。在教学过程中，确保教师主导学生主体的教学地位，保证学习任务串能够有效贯穿整个课堂，使学生能够按照设计好的学习任务顺利地完成美术课堂的统领性学习任务。学生受到学习任务串的驱动，会激发学生的学习兴趣和创造力，调动美术课堂氛围，提高师生互动、生生互动的积极性，学生会自主地跟着老师布置的学习任务串参与到美术课堂活动中，这对于美术课程的教学目标达成显得尤为重要。

二、 任务串的设计

（一） 目标的设计

《义务教育艺术课程标准（2022年版）》提出的"审美感知""艺术表现""创意实践""文化理解"核心素养，对应了课程总目标的五个方面，并依托于课程分段设计的思路，分别设置了不同的学段目标。将学段目标逐层分解，分散到每一课时，便产生了目标的最小单元——教学目标。① 在理解单元备课要求基础上，整体把握单元教学目标，梳理并归纳美术学习内容，做好教材分析和学情分析，了解学生既有的知识条件、现有的理解水平、学生的生活经验，

---

① 尹少淳. 新版课程标准解析与教学指导［M］. 北京：北京师范大学出版社，2022：74.

建立好总体的单元框架，合理制定单元目标及课时目标，设计课时的统领性学习任务。为了使学生更好地完成统领性学习任务，教师需要将学习内容合理地设计为若干子任务，制定任务目标引导学生探索学科逻辑、掌握学科知识、培养学科思维，提升学习品质（见图4-2）。

图4-2　任务串目标设计流程图

教师应先建立单元总体框架，然后进行单元内容梳理。例如在《大自然的色彩库》一课中，首先，针对本课进行教材分析。本课是沪教版小学美术第二册第六单元的第一课。本单元是绘画单元，属于造型表现模块，所属主题为绘画，是小学美术教学中色彩类别的第二个单元。本单元的教学主旨是，了解大师深浅颜色的对比运用，通过仔细观察知道人的正面头像特征及其表现方法，通过为同学画像增进友谊。

本单元的单元目标：

1. 认识色彩的深浅与配色。会用深浅色彩平涂或接色的方法涂色。学会观察人物正面的不同脸型以及五官、发型的特征。会用线描写生及平涂色块的方法，表现一个正面的头像。

2. 知道林风眠、莫迪利阿尼的生平，拓宽视野。根据学到的色彩知识进行自主的色彩搭配表现画面。会观察人物头像的特征，进一步增加同学间的友谊。培养学习兴趣，激发学习热情。

3. 感受深浅颜色风景的不同美感，学会运用深浅颜色对比进行色彩搭配。感受线条和造型的美，学会欣赏他人的美。善于发现生活环境中美好、有意义的事物。

其次，根据单元目标设计课时的统领性目标。学会对比分辨色彩的深与浅，运用色彩深浅的对比关系表现画面，创作林风眠风格风景作品。

最后，设计子任务目标。

子任务 1 目标：知道对比产生色彩的深与浅，运用对比的方法判断色彩的深浅，在理解的基础上尝试表现。

子任务 2 目标：感受和欣赏生活中丰富的色彩美；理解和运用深浅对比的方法，表现主体突出的风景。

子任务 3 目标：知道林风眠及其艺术特点，添画完成林风眠风格作品。

本课通过任务串的实践活动完成了本课的教学目标，在统领性任务目标串联下，三个关联性的子任务能帮助学生有效地完成教学目标。任务串的目标设计符合学生的认知规律，教学逻辑清晰，每个子任务目标突出解决一个教学重难点。

（二）任务及任务单的设计

在总体框架和统领性学习任务的引领下，若干个子任务串联，就形成了学习任务串。每个任务都是围绕解决统领性任务目标而存在的，任务内容循序渐进，符合学生认知水平，符合美术学科教学逻辑。

教学内容的设计首先要呈现整体性的统领任务，教师需要明确指出任务要求。任务可以是教材中的热点，也可以是教材内容的延伸，甚至是现实生活中的某些问题。其次，教师需对统领性任务做出分析，设计出完成统领性任务所必须具备的子任务，以及完成各子任务所需的知识和技能。教学要在掌握这些知识和技能的基础上，解决各个子任务，而各个子任务的完成都要为整体任务的完成做准备，这样可以从整体到部分，再到整体，分层推进，最终完成一个整体性任务。这种学习方式既符合学生的认知心理规律，又能充分调动学生的学习积极性和主动性。

例如，教师在设计《点出来的画》一课的任务串时，先要进行单元梳理。沪教版小学美术第六册第四单元是"我的水粉画"单元，本单元的教学目标是学习色彩知识，在尝试水粉画的表现形式过程中，运用原色与间色表现身边景物的美。本单元共分三课时，本课是最后一课时《点出来的画》的延伸课，意在让学生知道原色和间色的并置表现，感受其他色彩组合的不同艺术效果，发现色彩的丰富性和统一性，初步理解"和而不同"的视觉艺术和情感表达。延伸课围绕这一个教学目标，为了更好地使学生体验"调复色"，优化课堂时效，教师将本课教具改为重彩油画棒。学生通过小点，耐心地绘画校园景色，感受色点表现带来的艺术魅力。

在《多一"点"色彩》一课中，子任务内容根据任务串的统领性任务设计，在本课中统领性任务是能运用色点并置的方法表现校园里的景色，为了更好地完成统领性任务，我们设计了四个子任务。子任务1：认识色彩的丰富性和统一性；子任务2：认识克里姆特，欣赏了解作品《树下蔷薇》；子任务3：理解掌握点彩画的绘画技能；子任务4：创作克里姆特风格的校园景色。本节课的子任务1从学生身边的事物入手，易于理解，打破固有思维，帮助学生更好地理解色彩的丰富性，有利于学生对单元知识体系的巩固和掌握，更理解用点彩法创作的初衷和意义。在子任务2中学生要明确课题，理解色点并置的表现手法、绿色调画面的统一和变化以及克里姆特构图特点，这是完成接下来的子任务3和子任务4的前提。在子任务3中学生能感受到"和而不同"的意义；在单元中，此任务是巩固学生理解点彩法这一绘画技巧、感受不同画家表现艺术的方式，是掌握本课教学重点、解决本课教学难点的重要环节。作为单元延伸课，子任务4是丰富学生创作思路的一个任务，完成对克里姆特作品的模仿与创新。

设计合理的任务单，能保证学习任务串顺利实施。任务单要遵循适度性原则，不仅任务量应该适度，难度级别也应该适中。由于学生的学习基础和学习能力有所不同，因此每个学生对不同的任务单会有自己独特的感受，有些学生会认为它并不具备挑战性，有的学生则认为它变得越来越难，不易完成。面对这样的情况，教师在制订任务单时，应进一步探讨教学内容，把握学生的学情，设立难度适中、可动态变化的任务单。只有具备发展性目标的任务单，才能符合学生开展深层次学习的发展需求。任务单需要遵循创造性原则，唯有在充分发挥编写任务单的教师与任务单的应用者学生的想象力的前提下，任务单的内容才有机会变得更有利于学生创造性思维的启发。

学习任务单的内容是依据任务串的内容进行设计的，让学生更清晰地明白每个任务的具体要求，完成统领性任务。例如在《多一"点"色彩》一课中，教师为了使学生更好地完成统领性任务，设计的任务单如下（见表4-1）。

表 4-1 《多一"点"色彩》学习任务单

子任务 1	你能找到哪些颜色?
子任务 2	克里姆特的作品《树下蔷薇》的表现手法有什么特点? 带给你怎样的视觉感受?
子任务 3	为什么色点是并置排列呢? 这样排列有什么意义?
子任务 4	创作克里姆特风格的校园景色。

任务单在编写完成后并非固定的,而须按照新状况、新问题实时改正有关内容,可以补充、可以删除、可以加以调整,实时升级、改进,展现持续变化着的发展经过,这对教师和学生的发展都有促进作用。任务单须积极顺应发展变化,实时改变,将现阶段的需求与长期成长的关系处理好,达成任务单的长期稳定发展。

(三) 设计原则

1. 要以学生为中心

学习任务串的设计要以学生为中心,要从学生学习美术的规律和美术学科的特点出发,关注学情。任务串的教学要量力而行,要考虑学生的学习水平,考虑能否完成目标,目标不能高不可攀,也不能太容易完成。要从学生实际出发,充分考虑学生现有的文化知识、认知能力、年龄、兴趣等特点,做到因材施教。关注学情有利于激发学生的学习兴趣,增强学生的自主学习能力,提高学习品质。

2. 要面向创造性学习

学习任务串要体现创造性原则,旨在培养学生的发现问题、分析问题、解决问题的能力,以及锻炼批判性思维、发散性思维、独立和协作的能力。在课堂教学中任务串的设计应该给学生留有思考、分析、探索、交流和拓展的空间。在学习任务串的驱动下,学生可以在训练以上能力的过程中,创造性地提出解决方案,提高学习品质。

3. 要符合整体性和层次性

学习任务串的设计要紧紧围绕学科学习品质进行,能体现立德树人的根本任务。不能为了任务串而任务串，过于注重任务串的形式感，忽略学习任务串设计的初衷；必须回归到真正的教学目标上来。这就要求设计符合整体性原则，要注意分散重点、难点，要考虑任务的大小、知识点的含量、前后的联系等多方面的因素。

三、 任务串的教学实施

（一） 步骤和环节

指向核心素养的教学，"要求教师整体把握教学内容，将教学内容有机整合起来，促进学生对知识进行整体联系和建构，并形成深层次联结，实现从知识、技能的掌握到意义建构的发展，提升综合解决问题的能力"。[①] 在美术课堂中，教师会以任务串的形式将教学内容有机整合起来，促进学生对本节课所学知识的整体建构。教师把握统领性目标，将一节课的内容分成若干个子任务，这些任务中所包含的重要知识点和教师希望达到的教学预期都应提前列入教学任务串当中。在实施过程中，教师需要制定良好秩序，把课堂任务有条理地分配给学生。学习任务串中的每一个子任务的实施顺序都是影响统领性目标达成的关键因素。每一个子任务都需要同时考虑教学目标与学生需求两个方面。教师在实施中，需要观察每一个子任务中学生学习的进展情况。

"评价是检验、提升教学质量的重要方式和手段。要充分发挥评价的诊断、激励和改善功能，促进学生发展。""评价涉及学习态度、过程表现、学业成就等多方面，贯穿艺术学习的全过程和艺术教学的各个环节。"[②] 过程性的评价可以帮助教师调整教学策略、及时提供指导与帮助、促进学生发展。课堂上紧跟学生课堂进程，留意学生任务完成状态，以便进行下一个任务。在学生完成学习任务的过程中，教师需要巡视班级，及时引导启发学生，并给予个性化的引导。任务完成后，教师回顾并总结课堂内容，综合客观地评价美术课堂中学习任务串的完成情况，以激发和引导学生自主地探索、积极地去研究。

基于 21 世纪视觉艺术素养的评价，教师应更加注重对学生动态的过程评

---

① 中华人民共和国教育部. 义务教育艺术课程标准（2022 年版）［S］. 北京：北京师范大学出版社，2022：112.

② 中华人民共和国教育部. 义务教育艺术课程标准（2022 年版）［S］. 北京：北京师范大学出版社，2022：114.

价，要求对学生有更高的接受度，充分展现学生的创造性。① 没有评价的任务常常是低效或无效的，设计学习任务的同时，教师一定要关注评价，制定评价量表。评价量表和学习任务两者要统一构思，评价量表中维度的确定要和任务相匹配，其层级和具体指标要清晰明确、具体可评。学生和教师可以对本节课中学生的表现进行等第制的评价。评价内容从学习投入，想学、学习过程，会学、学习体验，乐学、学习成效四个维度进行评价。评价主体有学生自评、互评和教师评价三种。

（二）方法和策略

1. 统领性任务要关注整体结构

统领性任务的设计主要体现在设计本课时的任务串时要兼顾本单元其他课时的任务串。单元是一个整体，单元内的每一节课都不能离开单元这条主线。要注意知识技能构建的整体性，形成具有结构性的知识链条，使教师整体把握单元学习内容，也使学生在整体性的教学过程中建构系统的知识。除了单元本身是完整的整体，各个单元以及依据单元所划分的多个课时之间是呈相互衔接、相互关联的关系。要有效保证每一个统领性任务都围绕学科核心素养展开。依据课时目标设置统领性任务，再设计若干子任务。完成若干子任务，最终实现向统领性任务的回归。每节课的统领性任务都必须匹配课时目标，关注核心素养。否则，子任务就失去了方向的导引。

2. 子任务设计要提升学生学习品质

每一个子任务也必须具备这样的功能：子任务的设置是为了分解统领性任务的难度，达到易化统领性任务的目的。因此，子任务相较于统领性任务应该更符合学生的要求，方便每一个学生深度参与。使学生能够更好地创作实践，前提是学生要有自主学习意识。因此，子任务设计要注意学习情境的创设，立足于学生的兴趣点，设计出学生感兴趣的子任务，激发学生积极地参与教学活动，在感兴趣内容的驱动下，主动地克服困难，提高学生自我学习效能感，从而提高学生的学习品质。

---

① 张旭东. 基于 21 世纪视觉艺术素养的中小学美术学习评价研究 ［D］. 上海：华东师范大学，2018.

每个子任务逐层进阶，学生在按照一定知识或逻辑体系由易到难排列、形成具有明显学习梯度的任务串中，能针对统领性任务分解的子任务进行由易到难、连续而有层级的递进式学习，最终获得深入理解与迁移运用知识的效果。

学生对统领性任务的学习并非一蹴而就，而是通过若干子任务进阶式的学习方式螺旋提升。子任务间不会割裂开来，而是依据学生认知规律和美术学科知识体系不断推动学生在不同阶段围绕统领性任务进行进阶有序的学习，子任务间是并列且递进的，子任务的设计遵循学生的认知发展规律，按照从易到难的顺序进行排列，使学生的学习更具有方向性与科学性；为学生学习更有难度、更加复杂的学习材料与知识提供经验与能力，从而使学生逐层展开有效的美术学习，整体有序地学习美术学科知识、学科思维等，最终在循序渐进的学习过程中，提升学生学习品质。

3. 以学习任务串驱动的小学美术教学策略

（1）分析学生认知水平，优化学习任务串

教师要分析学生的美术认知阶段，围绕课程主题主线和教学规律，合理设计学习任务串，在学习任务串的驱动下循序渐进，不断打磨课程，持续优化课程学习任务串、任务单、评价表等的设计，为学生提供更加优质的教学资源。

（2）合理设置学习任务串目标，巧用对比方法观察发现

小学美术教学在学习任务串的驱动下，在学生不断观察对比的过程中，要善于引导学生在子任务中用多角度观察对比，促使学生发挥无拘无束的想象力，发挥天马行空的创造力。

（3）确定学习任务串中的内在关联，运用美术知识大胆创作

在课堂中，学生可能会出现畏难心理。为了更好地完成统领性任务，教师要合理设计子任务，子任务由易到难，层层递进。在学习任务串的驱动下，鼓励自主学习，让学生多比较多交流，创造一种轻松的学习氛围。正确对待学生之间的分歧，尊重个性发展，支持学生在综合运用各种美术语言表达时突破框架，善于进行打破后的重组，进而完成统领性任务目标。

花花世界
——以沪教版小学美术二年级第二学期第四单元"走近名作"拓展课为例

（一）案例背景

《义务教育艺术课程标准（2022年版）》聚焦审美感知、艺术表现、创意实践、文化理解等核心素养，围绕"欣赏·评述""造型·表现""设计·应用"和"综合·探索"四类艺术实践活动，以任务驱动的方式遴选和组织课程内容，分学段设置不同的学习任务，并将学习内容嵌入学习任务中。[①] 学生通过"造型·表现"艺术实践活动掌握美术知识、技能和思维方式，其中美术语言中的色彩课程尤为重要。沪教版小学美术一至五年级教材中都设置了专门的色彩单元，第一学段（一至二年级）共编排了四个色彩主题单元，为构建色彩课程"造型·表现"这类艺术实践活动的任务实施提供了丰富的学习资源。本单元是色彩教学的第三个单元。二年级属于第一学段，其中设置的第一个学习任务是欣赏身边的美，此项学习任务主要帮助学生感知身边的美，认识美存在于我们周边，初步形成发现、感知、欣赏美的意识；观察周边自然环境中的山水、树木、花草、动物等，感知其形状美、色彩美和肌理美，体会美存在于我们周围的环境之中。由此，我们设定以大自然中的花朵作为创作题材。

（二）单元教材分析

本课是二年级第二学期第四单元"走近名作"的一节延伸课，教学类别是绘画，属于"造型·表现"模块。本单元共设计《花花世界》《色彩的搭配》《剪出来的画》和《彩纸片的组合》四课，教师主要围绕亨利·马蒂斯这位大师的作品展开教学，并设计单元任务串框架（见表4-2）。亨利·马蒂斯（1869—1954）是20世纪最伟大的善于运用色彩的画家之一，早年创作了很多有影响的油画作品。他喜欢运用红色与绿色、蓝色与橙色、黄色与紫色的强烈对比，被人

[①] 中华人民共和国教育部. 义务教育艺术课程标准（2022年版）[S]. 北京：北京师范大学出版社，2022.

们称为"野兽派"的创始人。追求装饰和形式感是马蒂斯艺术的本质。其作品造型夸张，多用单纯的线条和对比强烈的色块组合，形成具有装饰感的画风。

表4-2 单元任务串设计框架

序号	课程名称	统领性学习任务	关联性学习任务
第一课	花花世界	熟练运用色彩强弱对比的方法表现大师作品	运用色彩深浅、冷暖对比的方式，形成不同的画面效果
第二课	色彩的搭配	用色彩搭配表现大师作品	运用色彩平涂的方法临摹大师的作品，学习大师的色彩搭配和造型能力
第三课	剪出来的画	剪出夸张的人物动态	用彩纸剪出人物夸张的动态造型
第四课	彩纸片的组合	彩纸片组合成装饰画	借助于彩纸的边角料，尝试组合拼贴成装饰画

（三）学情分析

二年级学生已具有一定的绘画基础，知道常用颜色的名称，基本能够分辨色彩的明暗和深浅，但在具体画面中对色彩深浅、冷暖对比的知识技能运用方面不够熟练，还不能完全分清具体画面色彩的强弱关系。这一时期的学生处于意象后期，在画面中会体现许多自己的主观意识，对色彩的掌握度较主观，绝大多数喜欢鲜艳、明亮的色彩。教师需要引导学生感知弱对比的画面也能产生好看的作品。本单元安排学生学习亨利·马蒂斯的作品，教师的引导激发学生创作灵感并表现不一样的大师作品。学生通过临创名作并与大师产生某种程度的"对话"，能够更快更感性地欣赏名家作品，并相信自己与大师的"距离"不再遥远。

（四）设计思路

以《花花世界》第一课时为例，本节课的关联性任务是教师在课程标准的目标导向下，立足学情，基于统领性学习任务，根据教学内容设计的四个有趣、富有个性的子任务，让学生主动应用学习资源，在自主、合作、协作探究中获取知识，发展能力。教师设计以学习为中心的、指向艺术核心素养的学习任务和观察工具，探索"教师主动、学生主动、师生互动、生生互动"的课堂策略与方法。从学生的角度说，学习任务单的驱动从问题入手，带动学生理论的学习和实践的操作，激发他们的求知欲望，这种主动建构自己的知识经验的过程会逐步形成一个感知心智活动的良性循环，收到更好的学习效果；从教师的角度说，为落实学科核心素养，更多考虑怎样引发学生学习行为发生，不仅要关注学习预期，还要倒推学习历程，设计学习任务串，引入学习内容，并厘清教师在学生主动学习各环节中的角色与定位。当我们把课堂须解决的教学问题"嵌入"多种学习任务情境中，驱动学生学到隐藏在任务背后的相关知识、技能等，我们便也把课堂还给了学生，这样的教学才是有效的，才是学生真正所需要的（见表4-3）。

表4-3 《花花世界》课中活动任务单

《花花世界》任务单	
任务一： 找找身边的色彩 （深浅对比）	
任务二： 找找身边的色彩 （冷暖对比）	
任务三： 画画美丽的花朵	
任务四： 走进百花园	

（五）教学片段

首先，教师用一个短视频带领学生欣赏马蒂斯的《鱼缸》，引导学生发现深与浅的色彩对比，复习旧知。明确画面、色彩需要通过对比才能确切感知其中的区别，通过练习子任务一熟悉色彩深浅对比的方法，知道涂色技巧，感受不同的力度能产生不同的色彩效果。

然后，学生通过观察莫兰迪的《花瓶》小视频，发现色彩的冷暖对比，复习旧知。经图片对比发现，画面颜色鲜艳、对比强烈与画面柔和、对比较弱的作品各有美感，能给欣赏的人带来不一样的感受。通过练习子任务二巩固色彩冷暖对比方法。

紧接着，从整体到局部，观察作品局部色彩，引导学生自主发现强对比的作品中有深浅、冷暖对比，弱对比的作品中也有深浅、冷暖对比，运用多种色彩对比的方式能影响画面主要色彩效果。明确整体画面色彩效果的强弱之分，感知强弱对比中的深浅、冷暖关系，两者不分家，我中有你，你中有我。每个学生一组作品两幅强弱不同画面的呈现，简单直接地展示了本节课的重点（见表4-4）。

表4-4 《花花世界》教学设计表（部分）

教学环节一	欣赏与发现	范画图例
序号和名称	1. 欣赏马蒂斯作品《鱼缸》视频变化小片段。 2. 作品对比。 3. 欣赏莫兰迪作品《花瓶》变化小视频。 4. 展示四幅强弱对比明显的图片。 5. 观察局部画面，发现强对比中有深浅、冷暖对比，发现弱对比中也有深浅、冷暖对比。	
目标	知道画面中色彩的强弱对比关系。	
任务	欣赏大师作品，并交流视频中大师作品发生的变化，感受画面强弱对比。 完成练习任务一：找找身边的色彩（深浅对比）；练习任务二：找找身边的色彩（冷暖对比）	
关键问题	1. 交流说一说：马蒂斯和莫兰迪作品在视频中发生了什么样的变化？ 2. 不同的色彩组合带给你什么感觉？ 3. 你还知道色彩的什么对比？	

教学环节一	欣赏与发现	范画图例
资源	大师作品图片、制作的变化视频。	
要求	能直观地描述大师作品色彩发生的变化,辨别作品画面的强弱对比。 能发现强对比的画面中有深浅、冷暖对比,发现弱对比的画面中也有深浅、冷暖对比,深色也有弱对比,浅色也有强对比。	
评价	观察大师作品的特点,探究大师作品色彩强烈的特点及其与色彩柔和、淡雅的作品不同的画面感受。	
说明	欣赏大师作品,感受大师的艺术风格,感受色彩强烈对比的魅力。	

(六)案例分析

1. 观察对比,探究色彩对比之美

在画面用色环节,学生主观意识占主要地位,想涂什么颜色就涂什么颜色,很少考虑整体画面色彩搭配的关系,使得许多画面色彩效果不够丰富。本节课将在观察对比与尝试感知的探究式学习中,带着问题去寻找色彩的强弱对比关系,发挥学生学习的主动性,打破他们的固有思维,了解色彩搭配组合的魅力,知道色彩的强对比和弱对比各有美感,色彩的深浅、冷暖对比是造成画面效果最终呈现的重要因素,色彩只要运用得当就能提升画面效果。本节课选择花朵作为创作题材,符合儿童认知水平。创意来源于生活,色彩对比方式也来源于生活。五彩缤纷的花朵,造型简单、颜色丰富,用它作为创作的主题,简洁美观又切合单元主题。

2. 任务驱动,创作色彩对比之美

本课在四个子任务的驱动下,前后串联,紧密联系。直观的作品变化视频,引导学生发现画面色彩的强弱关系,明确色彩对比的重要性。从整体到局部赏析,布置子任务一解决色彩深浅的强弱对比问题,子任务二解决色彩冷暖的强弱对比问题,明确影响画面色彩强弱的因素与色彩深浅、冷暖对比有密切的联系。教师引导学生发现问题、提出问题并尝试去解决问题。通过不断分析、讨论他人作品、自己作品与老师的示范作品反复加深印象,并布置子任务三解决深浅、冷暖对比的组合运用问题。拓展学生思维,联系生活,发现色彩对比的方法来源于大自然,著名的艺术家也将色彩对比的方法融入艺术创作,创作出令人惊叹的名作。同时,鼓励学生发挥自己的创意,完成自己独一无二的《花花世界》,全体同学共同组成一个"百花园"。最后,子任务四完成展示评价,体会美无处不在。学习任务难度逐渐层层递进,从上至下贯通串联,符合学生的认知规律,教学逻辑清晰,紧扣教学重难点,每个教学环节突出解决一个重难点。

3. 感受生活,致敬自然之美

大自然就是最好的调色盘,人类最开始对色彩的认知都来源于自然中丰富多彩的物种。人类学习、提取了自然的调色手法,学会了色彩搭配、色彩对比的方法,感受到色彩强弱对比的独特魅力。将这些美丽的色彩运用到现实生活中,让我们的生活更加美好。正如罗丹所说:生活中不是缺少美,而是缺少一双善于发现美的眼睛。本节课旨在带领学生感受色彩对比的美丽,致敬大自然之美。

(七) 案例反思

本课教学的基本思路是:观察发现—对比尝试—对比练习—展示交流。为了打造品质课堂,教师深入钻研教材,立足于全局观、目标感和结构意识进行本节课子任务的设计。首先,以大思路统整课堂教学目标,明确这节课在整个单元、整个学期甚至学科教材中的地位和作用,再由难以理解的内容、原有知识加深的重点内容、非重点内容三方面着手,灵活处理教材,将一堂课统领学习任务分解成四个子任务,形成清楚易懂的任务模块。在设计子任务时,我们始终思考的是课堂学习要达到的目标到底是什么,以及哪些证据、成果表明学生达到了这一目标。为此,学习任务单的使用至关重要。任务设置由浅入深、层层推进,一条统领性任务的主线环环串联。课堂学习的全过程应该是一个创造的过程,一个批判、选择与存疑的过程,让学习任务驱动学生经历有序的自主探究和思考的过程,从而促进学生"创意"能力的不断提升。此次课例,经过多次磨课，修改尝试，不断推进，实现课堂、教研、教师的改变，教师的教来改变学生的学，学生的学来改进教师的教，学生的实践成效、学习任务的呈现带给教师更多的思考、提升的空间，增强教师设计学习任务的意识，提高教师学科专业能力。在有趣的任务驱动中，学生经历了探索与体验，由"不会"到"会"，增强主动意识和进取精神，在自主、合作、探究中发展能力。

四、 任务串的实践成效

科学设置学习任务串，能够引导学生创造。小学美术课堂是学生发现美、感知美、创造美的课堂。我们认真分析学情与教材、设计美术学科观察记录表等多个表格，授课过程中观察学生课堂反应、设计改进教学设计，先后进行多轮磨课、多轮授课、多次讨论会，整个授课过程中美术组教师分别从不同角度观察和总结，达成以下共识：

（一）"任务串"层层深入，能够引导学生发挥天马行空的想象力

在学习任务串的表述上不仅要体现学生的语言特点，更要简洁明了；学习任务串不是简单的习题，而是挑战学生认知的问题；学习任务串的数量不宜过多，重在体现它的层次性和开放性。学习任务串的设计要由基本性到开放性，构成一条主线，层层深入、循序渐进，就可以达成教学目标，实现美术学科的教育功能。通过开放性的任务设计，教师可以引导学生发挥想象力，发挥学生的发散性思维，使他们将自己的内心世界展现出来，创造能力得到淋漓尽致的体现。

（二）"任务串"驱动有力，能够启发学生发挥无拘无束的创造力

学生形成想象的基础一般是观察和记忆，想象必须建立在对原有事物认真观察的基础上，然后加以改造，是"破—立"的重组。在美术课中学生将不被惯性思维的条条框框所拘束，展现出其想象与创造能力，创造出多式多样的作品。我们用学习任务串驱动的方法形成了独特的作品。由此可见，教师要使学生的创造力得到充分发挥，就得先为学生拓宽基本认识，引导学生用美术语言多角度观察，打破常规束缚。

（撰稿人：马作婷　洪思琦　徐蕾　胡天歆）

第五章

任务圈：情境导引的渐进学习

　　人类的认知结构是在"平衡—不平衡—新的平衡"的循环中不断发展的。任务圈是由任务目标、内容、实施和评价构成的循环圈，任务圈的设计倡导目标、内容、实施和评价设计的一体化，各个环节之间相互独立又相互影响。任务圈教学模式要求教师精心设计任务，每个任务均含有一个新知识点和认知冲突，兼顾任务的基础性和开放性。儿童在完成任务的过程中，积极主动地探索各种解决任务的途径，并且选择最佳方案。

本章从小学英语学科角度出发，分析任务圈模型中各个关节具体的操作要求，探讨任务圈教学方式在英语学科中的可行性和价值，并提出一定的可供参考的教学策略。

一、任务圈的内涵与特征

（一）内涵

任务是发展学生学科核心素养的有效途径，学生通过"做事"学习语言、发展思维、提升能力。任务圈是由任务目标、内容、实施和评价构成的循环圈（见图5-1）。任务圈的设计倡导目标、内容、实施和评价设计的一体化，各个环节之间相互独立又相互影响。教师在制定任务目标、明确任务内容、开展任务实施、做好任务评价的一系列过程中，引导学生大胆地运用英语进行交流，让学生体会到英语的乐趣，内化核心语言要素，落实英语学科核心素养。①

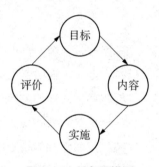

图5-1　任务圈模型

（二）特征

任务圈教学法以建构主义学习理论为指导，充分体现了建构主义学习理论的"教为主导、学为主体"思想，强调突出教师的主导地位，发挥教师的学习组织者、情境创设者、过程引导者、资源提供者、意义建构帮助者等角色作用，强调学生的主体地位，注重学生的主动学习、个性学习和自主学习，主要特征如下：

---

① 马丽华. 任务型教学在初中英语教学中的应用探讨［J］. 中学课程辅导（教师教育），2021（9）：104.

1. 以任务为主线

人类的认知结构是在"平衡—不平衡—新的平衡"的循环中不断发展的。教学内容融入具体任务中，教学目标的实现需要借助于教学任务的完成，因此教学任务可以说是贯穿整个教学过程的学习活动的主线。① 任务圈教学法以任务为主导，以子任务为模块，教师精心设计教学，在不断设计任务、实施任务和评价任务的过程中，引导学生学习新知，从而提升学生的学习品质。

2. 以教师为主导、学生为主体

任务圈教学法中，教师由传统的教学主导者转变为学生学习的组织者和引导者。教师根据学生特点和教学目标来设计任务，创设尽可能真实的问题情境，提供尽可能多的学习资源，组织、引导、促进学生完成整个学习过程，实现教学目标。学生不再是知识的被动接受者和被灌输者，而是知识意义的主动建构者，是信息加工的主体。②

3. 目标翔实具体，可操作性强

任务圈教学法中，教师精心设计任务，每个任务均含有一个新知识点和认知冲突，兼顾任务的基础性和开放性。学生在完成任务的过程中，积极主动地探索各种解决任务的途径，并且选择最佳方案。学生成为学习过程的主体，教师只是该过程的设计者、组织者和引导者。

二、 任务圈的设计

任务圈是由任务目标、内容、实施和评价构成的循环圈。教师在开展实施之前，需要明确单课时任务圈的各个任务目标，依据目标确定内容、实施步骤及教学评价，主要设计要素如下：

（一）目标的设计

教学目标是教学活动实施的方向和预期达成的结果，是一切教学活动的出发点和最终归宿。纵观整个小学阶段的英语学习要求，教师制定教学目标时，不仅要从教材单元的内容入手，还应从学生的角度出发，把握整个小学阶段的学习目标和具体要求，融入一定的课程观和学生观，从而更好地让教学目标为

---

① 高宏. 这样教学很有效——任务驱动式课堂教学 ［M］. 天津：天津教育出版社，2019：27.
② 高博. 任务型教学在初中英语教学中的应用 ［J］. 校园英语，2021，590（46）：98—99.

学生的学习品质提升服务。①

就英语学科而言，设定单元目标有利于整体把握课时目标，有利于科学解构文本，也有利于有效实施教学的评价。单元目标和单课时目标是递进包含的关系，一个单元各个课时有着不同的目标设定，且螺旋上升。

（二）任务及任务单的设计

在小学英语教学中，激发学生的学习兴趣，营造轻松、有趣、活泼的学习氛围，是调动学生学习活力的有效途径，也是推进学生自主学习、自主探究、自主成长的动力。小学的英语教学课堂应当包含智慧元素、趣味元素、互动元素、合作元素以及探究元素，课堂的活跃不仅体现在学生主体上，更重要的是体现在学习活动任务上。以活动任务激发学生内在思维，动静结合，呈现学习活力。英语任务单的设计应注意以下几点：

1. 注重任务单形式的多样性

任务单的设计要有多样性，可以多设计些能够开发学生大脑、激发学生思维且富有乐趣的任务活动，以提高学生的综合能力。

2. 注重任务单的实践性和合作性

新课程改革的一个理念是倡导"自主、合作、探究"的学习形式，这就需要教师在教学过程中创设合作情境，转变原有的教学理念。一门语言的学习非常需要情境，情境让学生在不知不觉中掌握学习内容，避免枯燥无趣，也会提高学生学习英语的积极性，更好地培养学生的实践能力和创造能力。以牛津英语上海版 5AM1U3 My future（P4）Froggy's new job 一课为例，根据教学目标及任务单的设计原则，教师设计了如下任务单（见图 5-2），引导学生在读一读、写一写和画一画的过程中完成任务并内化新知。

3. 注意任务单的分层性

教师可以根据班级学生的水平的不同，设计不同难度的任务供学生选择。这样的方式既能鼓励基础较薄弱的学生参与其中，也能对水平较高的学生提出一定的挑战。

---

① 陈双红. 任务型教学在初中英语教学中的应用措施分析 [J]. 新课程，2021，585（29）：171.

图 5-2　Froggy's new job 任务单

（三）设计原则

任务圈教学法不仅要发挥教师的主导作用，而且要体现学生在课中的主体地位，以任务为引领，充分调动学生的主观能动性，提高他们的学习兴趣。教师在设计任务时应遵循以下原则：

1. 系统性原则

所谓系统性，就是要对整个小学阶段的学习要求有系统性的了解。单元目标的制定，不能只盯着教材内容，而是要把握整个小学阶段的学习目标和具体要求，只有这样，目标的制定才系统规范。

2. 准确性原则

要对教学目标有准确的描述，首先要对学科教学基本要求中的水平分类有准确的理解和认识，正确把握知道（A）、理解（B）和运用（C）的水平级别分别指向的内涵是什么。

3. 全面性原则

教学目标制定的维度上要做到多元化。教师不仅要关注学生的语言能力、学习能力，还要关注学生的文化意识和思维品质；不仅要关注学生的学业成果，还要关注学生的学习习惯和学习兴趣，体现全面的育人观。

三、 任务圈的教学实施

任务圈教学方法以任务为引领、活动为载体，将学生所需习得的知识点隐藏在一个或几个任务中。教师通过创设情境，引导学生通过自主探究、合作学习等方式完成任务，从而达成教学目标，提升学生的学习品质。主要实施步骤如下：

（一） 更新教学观念，优化任务目标

为了更加准确地制订教学目标和任务目标，教师需要研读新课标，更新教育观念。首先，分析学情和教学内容，为制订单元及单课时学习目标和任务设计做好准备和铺垫，推动任务目标的优化。在传统的英语教学观念下，教师比较关注学生的英语成绩以及对英语知识的掌握程度，导致学生的英语素养发展和英语学习能力受到忽视，而在发展性教学理论的指导下，教师给出的任务目标会更加具体、规范和全面。

以发展性教学理论为指导，教师可以将任务目标分为基础部分和发展部分。基础部分的任务目标主要是让学生掌握知识和技能，而发展部分的任务目标则是让学生在完成任务的过程中掌握英语学习能力，运用一定的策略来完成英语学习任务，同时获得一定的文化体验。同时，发展部分的任务目标还要求教师应当引导学生在完成任务期间产生自我效能感，在效能感的驱动下产生学习成就感，并在自我效能感和学习成就感的驱动下，产生对英语课程的学习信心。

（二） 基于任务目标，厘清任务内容

教师要切实意识到学生才是学习的主人，从而设计相应的自主性任务及层次性任务，激发学生的主动学习意识，使学生能够在教师给出的规则下采取不同的方式来完成任务。

就英语学科而言，学习任务的完成由一系列的学习活动所支撑。学习活动是指在教师指导下，学生在课堂上进行的形式和内容多样化的学习实践活动，是教学过程的本质要素，也是教和学双边活动的联结点。但是，需要明确的是，学习活动不等同于学习任务，学习活动是学习任务中进行英语实践的一个个具体操作环节。因此，学习任务包含了多个学习活动，多个学习活动有序组合成学习任务。教师需要根据任务目标，厘清单课时的子任务及总任务，并科

学设计每个任务所包含的学习活动。

以牛津英语上海版 5BM3U3 Changes 第四课时 Changes in Shanghai 为例，为了达成"简单讲述上海历史的变迁"这个总的任务目标，教师基于教材内容、学生学情等要素，设计任务及活动框架（见表 5-1）。

表 5-1　Changes in Shanghai 子任务及学习活动

任务目标	子任务	学习活动设计
简单讲述上海历史的变迁	1. 学习上海还是"村庄"时的房屋特征和职业类型	1. 看音标，尝试拼读单词 2. 跟着老师齐读单词 3. 阅读文本，回答问题 4. 看图尝试表达不同的职业 5. 阅读上海还是"村庄"时的文本 6. 看着图片和句型尝试复述文本
	2. 学习上海是"镇"时的建筑特征和职业类型	1. 阅读短文，判断正误 2. 看音标，尝试拼读单词 3. 跟着老师齐读单词 4. 看图和关键词，尝试复述上海还是"镇"时的建筑特征和职业类型
	3. 学习上海成为城市后的建筑特点和人口特点	1. 阅读短文 2. 完成填空练习 3. 将练习答案以语音的形式发送给老师 4. 朗读短文 5. 看图、关键词和句型，尝试复述上海成为城市后的建筑特点和人口特征

（三）明确多种任务，开展教学实施

教师开展任务教学时，学习主体始终指向学生。因此，任务开展形式可以是学生个人完成，也可以由小组或是全班学生一起完成，主要模式如下：

模式一：学生自主探究。在学生自主探究和思考的过程中，教师可以引导学生课前根据学习内容自主查阅收集相关资料，也可以提供给学生相关的资料或是提供一个完成任务的框架，也就是学习支架。在这个过程中，教师要站在略超前于学生智力发展水平的高度上（即最近发展区），借助发问、讨论等形式来引导学生对解决问题所学的策略进行探索。

模式二：学生协作学习。这种协作学习形式可以是两人、四人小组或是更多人组成的大组。教师要适时组织小组或大组交流讨论，确保成员的参与率及讨论话题的相关性。针对协作中遇到的问题，及时调整计划、进度，甚至调换角色，从而使各个组进一步把各自的学习活动深入进行下去。①

仍以牛津英语上海版 5BM3U3 Changes 第四课时 Changes in Shanghai 为例，本课时是语篇教学，任务的完成形式以全班和个体为主。比如在任务 2 的活动安排中，教师引导学生听一听并判断，随后邀请个别学生来回答，保证全体学生的参与。对于学生的个别反馈，教师点评总结。在其中一个任务目标"简单讲述上海的历史变迁"中，教师根据不同学生学习能力的特点，提供了 Task A（复述整个语段）和 Task B（复述个别语段）两种任务方式。选择 Task B 的学生可以小组协作共同努力来完成整个任务（见表 5-2）。

表 5-2 Changes in Shanghai 教学实施片段

任务实施环节	教师活动	学生活动	设计意图
小组合作，探究问题	1. 精读每个段落，通过阅读回答问题，阅读判断、看板书复述，了解上海变迁的过程，完成任务单的相应内容。 2. 实践训练——引导学生组内活动，相互分享自己的学习成果，并在小组活动中根据板书复述语段。 3. 根据学生学习的情况及层次，教师在最后的语用输出阶段，设计了 Task A（复述整个语段）、Task B（复述个别语段）的难度阶梯，让学生根据自身情况选择。	1. 找出上海在各个阶段职业的变化和人口的变化。 2. 完成任务单中相应的练习。 3. 组内交流自己的意见，并根据板书内容复述语段。 4. 组内讨论，确定复述的方案，选择人员。	了解文本主旨大意，明确文本结构。

---

① 高宏. 这样教学很有效——任务驱动式课堂教学［M］. 天津：天津教育出版社，2019：27.

任务实施环节	教师活动	学生活动	设计意图
	4. 与此同时，教师要在各个组内进行分别指导： 　　A. 对简单的问题，学生都能回答上来的就不做过多评论； 　　B. 着重对难点、易错点进行讨论。		

　　教师可以在每个子任务以及总任务完成后，采取个别或是小组的形式让学生就自己的思考或研究结果进行展示。展示的形式可以多样，比如口头表达、小组角色扮演或是调查表等。例如，在 5BM3U3 Changes 第四课时 Changes in Shanghai 一课中，当学生完成任务 1 "学习上海还是'村庄'时的房屋特征和职业类型"后，教师邀请学生个别交流并点评（见表 5 - 3）。

表 5 - 3　Changes in Shanghai 任务展示

任务实施环节	教师活动	学生活动	设计意图
交流展示，解决问题	1. 请一个小组来说明上海在很多年之前人口和职业的特征。引导学生跟读单词 village、 fishermen，简单复述语段。 2. 对于上海在成为"镇"时的历史，请一个小组中的四位成员来交流四道判断题的想法并说明理由，简单复述语段。 3. 对于如今的上海，请一组成员中的四位学生来交流任务中的填空题，并引导他们简单复述语段。 4. 根据今天的所学，每个小组中请学生来选择复述语段或课文，更深层次地表述上海的变迁。	1. 组内推选出一名或几名学生上台展示，其他学习者聆听并做出相应的补充。 2. 对于最终的任务，每组派代表上台复述。	通过问题的深入，逐步发挥小组合作的优势来寻找各种问题出现的原因。

（四）关注教学反馈，做好任务评价

在任务驱动式教学法实施过程中，完成了任务并不等于完成了知识技能的构建，教师还必须对学习效果进行评价。《义务教育英语课程标准（2022 年版）》中指出："教学评价对促进学生核心素养的发展具有重要作用。教学评价有助于学生不断体验英语学习的进步和成功，更加全面地认识自我、发现自我，保持并提高英语学习的兴趣和自信心。"① 一般来说，对任务的评价主要包括两部分内容，一方面是对学生是否完成当前问题的解决方案的过程和结果的评价，即对所学知识意义建构的评价；另一方面是对学生自主学习及协作学习能力的评价。

教师要认识到，对学习过程进行评价的目的并非区分学生的资质和优劣，而是促进学生的发展，为学生找到自己的长处，从而帮助他们更好地改进学习。所以，教师对学生的评价一方面要关注学生学习的结果，另一方面要关注学生学习的过程。强调学习过程的主要目的在于促进学生主动学习和参与的热情，激发学生的学习兴趣。因此，在教学过程中，教师要充分发挥教学评价与反馈的作用，采用灵活多样的评价方式，及时了解学生学习过程的进展情况以及存在的问题，适时给予学生指导和点拨，最终促进教学目标的达成。

除此之外，教师在实施任务圈教学法时还要认识到这一教学方法同样存在着优点和不足。教师需要根据评价的结果，及时优化任务目标，为优化后的再次实践提供改进支撑。

对学生而言，课中以任务推动学习可提高他们学习的效率和兴趣，培养他们独立探索、勇于开拓进取的自学能力，让学生获得满足感、成就感，激发其求知欲，逐步形成一个感知心智活动的良性循环。同时，在这一过程中，伴随着成就感，学生在老师的有效评价中获得充分的肯定，体验到作为成功者的快乐，从而保持良好的学习势头。

比如，在 5BM3U3 Changes 第四课时 Changes in Shanghai 一课中，当学生完成了复述课文的内容后，教师分别采用了口头评价和优化大师加分的可视化评

---

① 中华人民共和国教育部. 义务教育英语课程标准（2022 年版）[S]. 北京：北京师范大学出版社，2022：53.

价，及时记录学生回答的有效性（见表5-4）。在复述环节，从准确、流利和生动三方面多维度评价学生，让评价促进学生的反思和发展，从而优化课堂品质。

表5-4 Changes in Shanghai 任务评价

教学环节	教师活动	学生活动	设计意图
总结与评价	T: However you're big or small, we love you! However you're nice or not, we love you! However you're quiet or busy, we love you! We love you, Shanghai! We love your changes! 引出今天的情感目标，热爱上海，热爱生活。	1. 再次朗读文本，观看视频，感受上海的变迁，从而更加热爱上海。 2. 学生完成自我评价和小组评价。	达成本课的情感目标。

 创意设计

基于任务圈的课堂行动，提升学生英语学习品质
——以牛津英语上海版4AM2U3（P4）The lion and the mouse 为例

（一）案例背景

《义务教育英语课程标准（2022年版）》最显著的改革之一就是培养学生的英语核心素养，包括语言能力、文化意识、思维品质和学习能力。小学是英语学习的基础阶段，根据《义务教育英语课程标准（2022年版）》要求，教师要积极探索有效教学模式，基于学生的视角，发展学生的主动性和差异性，使学生在语言积累和表达的同时，促进思维品质的发展和思维能力的提升。全面培养学生的英语学科核心素养，提升学生英语学习品质。

在专家的指导下，我校开展基于任务圈的课堂设计与实施研究。研究中的学习品质指学生在完成学习任务过程中表现出的能够支持其自身取得成功并对学生终身学习与发展有重要影响的品质。其中学习任务是指教师和学生为了达

成特定学习目标而进行的操作总和。英语课堂中的每一项任务都要在教学情境中，并基于教学目标、教学内容、教学实施和教学评价的任务圈模式开展。教师在设计任务时，始终以学生为主体。通过输入材料、教师和学生角色、学习任务以及预期成果这四方面进行开放式设计，从而引导学生完成任务、达成目标，提升学生的学习品质。尤其是基于任务圈的课堂任务提升学生"表达美""融合美""思维美"和"探究美"的学习品质，培育学生的核心素养。

（二）案例介绍

The lion and the mouse 是 I have a friend 这一单元学习的第四课时，这一课时承接前三课时对自我及朋友的描述展开。下面以本节实践课为例进行阐述，聚焦"表达美""融合美""思维美"和"探究美"这四点，对基于任务圈设计的课堂能否促进学生英语学习品质的发展进行一番探索。

1. 教材分析

本课时是教材 4A Module 2 Unit 3 的教学设计，本单元的语言功能是 to revise vocabulary and expressions to describe：I have a friend。本课内容以绘本阅读为基础，为学生操练对话创设了童话故事的语言环境，帮助学生理解阅读，深度思考，生动表达。本单元话题是 friends，属于人与社会的范畴，主要功能是交往中的询问和介绍，而育人价值是了解朋友之间的异同，并学会关心互助，珍惜友谊。

教材的各板块及学习内容是核心板块学习核心知识、次核心板块学习语篇故事以及辅助板块夯实语言运用；学习内容是语音、词汇、词法、句法和语篇。具体教学特征，主要关注听说读写这四个方面。基于教学内容，我们分析了学生的学情。我们知道 friends 这个话题对学生来说并不陌生。在一到三年级都有相关的话题，涉及了解朋友的基本信息能力、爱好。四年级本单元所关注的是学生之间穿着的异同。本课绘本教学除运用核心句型描述动物朋友 Lion 和 Mouse 的特征异同外还会学习到有关朋友的品格。

2. 教学目标

结合以上分析，我们制定了单元教学目标，基于单元目标，制定了单课时的教学目标（见表 5-5）。

表 5-5 The lion and the mouse 单课时教学目标

知识与技能	思维与策略	文化与情感
1. 能正确跟读字母组合 br-、cr-及含有这些字母组合的单词，了解发音规律。 2. 能在语境中知晓、理解单词 friend、sharp、bite、net、afraid、teeth 等相关词汇。 3. 能准确、流利地朗读故事，合理理解故事内容。 4. 能借助语言框架有逻辑地表演展示故事。	1. 通过跟读模仿，初步建立音素和字母、字母组合发音之间的联系。 2. 通过文本视听、看图说话、回答问题等形式学习相关词汇。 3. 通过问答交流、信息提炼、角色朗读等形式学习故事。	了解朋友的异同，每个人都有长处，每个人都需要朋友。学会关心互助，珍惜友谊。

3. 制定任务

本节课的教材内容就是这篇关于友谊的狮子与老鼠的故事。我们整合教材内容，基于本单元的教学目标，以第三人称的视角来复述故事，以第一视角演绎故事。基于教学目标和要培养的学习品质，制定任务目标，设计任务圈，提升学生学习品质（见表 5-6）。

表 5-6 The lion and the mouse 任务目标及子任务

任务目标	子任务	学习活动设计	对应学习品质
了解发音规律，会读 br-、cr-及含有这些字母组合的单词。	跟读 br-、cr-发音规律单词并运用在句子中。	1. 看音标，尝试拼读单词。 2. Chant 导入，运用单词。 3. 作业展示复习。	语言能力"表达美"
在语境中知晓、理解单词相关词汇。	1. 观察封面，提取信息，快速阅读。	1. 看图尝试猜测绘本角色。 2. 看图分析绘本发生环境。 3. 阅读绘本，理清故事关系。 4. 根据绘本内容，回答问题。	思维品质"思维美""探究美"

任务目标	子任务	学习活动设计	对应学习品质
	2. 学习单词 teeth、sharp。 了解狮子和老鼠的特征。分析猴子和大象没有成为朋友的原因。	1. 看音标，拼读单词。 2. 跟老师 chant 齐读单词。 3. 阅读绘本，回答问题。 4. 唱歌熟悉课文内容。 5. 阅读并圈出符合角色特征的关键词。	语言能力、思维品质 "表达美""思维美"
	3. 学习新词 step，操练角色扮演。 分析老鼠和大象的第一次冲突以及角色情感。	1. 跟读新授单词，全身反应法理解单词意思。 2. 阅读绘本，角色扮演。 3. 阅读故事情节并排序。	语言能力、思维品质、学习能力 "表达美""思维美"
	4. 学习新授单词 net、bite。 阅读故事，分析狮子遇到的问题，大象和猴子拒绝帮助的原因，及老鼠如何解决问题。理清故事逻辑线路。	1. 学习并跟读新授单词。 2. 句型游戏操练单词。 3. 根据实际操练单词。 4. 阅读绘本，回答问题。 5. 听力填空。 6. 阅读绘本，续写结局。	语言能力、思维品质、学习能力 "表达美""思维美""探究美"
准确流利地朗读故事，合理理解故事内容。	故事演绎。	1. 小组合作角色练习。 2. 情景剧展示。	语言能力、学习能力 "表达美""融合美"
科普视频，科学渗透，引发思考。	思考故事意义。	1. 观看视频了解自然。 2. 发散思维，思考感受。	文化意识、思维品质 "探究美""融合美"

根据本课任务，我们制定了学生课上需要根据学习主线完成的学习任务单，帮助学生学习理解本课内容，并且学生可以进行自评，检验任务完成情况和学习情况（见图 5-3）。

4AM2U3　Period　4 The lion and the mouse

Worksheet

 Task 1: Read and Circle　（★★★）

This is a lion.
It is gray /brown.
It is strong/not strong.
It has a long/short tail.
It has small/big teeth.
It can swing/run very fast.

This is a mouse.
It is green/gray.
It is small/big.
But it has sharp/long teeth.
It can sing and dance/swim and jump.

 Task 2:Read and Order　（★★★）

A. The elephant wants to be lion's friend.
B. The mouse is too small, and the lion lets it go.
C. But the elephant is too big and the monkey is too weak.
D. There is a lion in the jungle.
E. The monkey wants to be lion's friend.
F. The mouse steps on the lion's tail.

1.__D__ 2.____ 3.____ 4.____ 5.____ 6.____

 Task 3:Read and Write（★★★）

One day, the lion is in the_____.
The net is too high.The elephant _____help.
The monkey is not _____to help.
They can't help the lion.
The mouse can _____the net and help the lion.
The lion and the mouse become_____ now.

图 5-3　The lion and the mouse 学生学习任务单

为了体现学生的主体地位，有机融合"语言能力、文化意识、思维品质、学习能力"英语核心素养，引导学生通过一系列的活动，完成任务，达成目标，从而提升学生的学习品质，我们基于任务圈设计任务。接下来在任务实施开展中详细说明。

4. 任务实施

根据新课标要求，以学生发展为本，教学要基于学生新的视角发展学生的主动性和差异性，使学生在语言知识量积累的同时，促进思维品质的发展和思维能力的提升。本节课为本单元的第三课时。根据本单元的学习目标，在"朋友"的话题下创设情境，采用图片环游的教学方法。我们依托绘本资源，结合five fingers retell 阅读技巧，以故事的理解、故事的思考以及故事的复述为主，将绘本故事分为 pre-reading 和 while-reading 来深度阅读理解。层层任务设置及问题思考都在培养学生的观察分析能力、归纳总结能力和语言表达能力，提升学生的"表达美"和"思维美"。对这篇绘本文章故事发展的深度理解，引发学生主动思考并开放回答，培养学生的"探究美"。尝试演绎表达故事，提升学生的"表达美"和"融合美"。

（1）创设情境，培养学生"表达美"

本课时以朋友为话题，创设情境。在 pre-task 环节结合教材内容创设情境，把对朋友的描述和发音规则 br-、cr-编成 chant 让学生来练习。其目的是掌握字母组合的读音规则，既对之前知识进行复习，调动学生的积极性，也在自然输出中提高学生的表达能力。然后对上节课关于介绍朋友的作业进行展示，再一次培养学生的"表达美"。

（2）基于任务圈，发展"思维美"和"探究美"

《义务教育英语课程标准（2022 年版）》通过学生学习的任务和课程各要素的关系，揭示了在核心素养领域的教育新时代，学生在知识的习得中不仅要学思结合，更要打破应试教育的学习误区，用创为本。我们以提升学生综合运用能力为目的，以激发学生创造性思维为方向，秉持任务圈，创设学习活动。

在 while-task 环节，教师主要以比较型、问题解决型等任务来引导学生主动思考、合作交流、互动交流。为了使学生能扎实地学会新知识，每个环节的设计都层层递进。

第一个子任务，首先要求学生根据绘本《狮子和老鼠》的封面，读出文章题目 The lion and the mouse，从题目及图片中找到这篇故事的角色，要求学生以独特的视角对比两个主角，并进行匹配或者关联表达其特征，分析不同的动物是否有成为朋友的可能；之后要求学生根据图片背景分析故事发生的环境为丛林，根据封面信息推测故事内容，引发学生对接下来的学习内容的兴趣。这个子任务旨在培养学生的观察分析能力、归纳总结能力和语言表达能力，锻炼学生的思维能力，提升学生的"表达美"和"思维美"，落实英语学科核心素养。

在学习理解层面，故事的 beginning 部分是学习单词并通过 chant 描述狮子特点。通过设定一些词语的对比学习，如学生在先前掌握了词汇 strong，则根据狮子拒绝猴子成为朋友来展示 weak，大象和老鼠的特点是 big 和 too small，让学生基于语篇的理解去分析异同。通过教师进一步的引导和比对，学生能有效提取文本信息，感知语言背后的情感。在学习 sharp 这个单词，运用歌曲描述老鼠特点的任务中，在教师有效提问和追问下，学生从知识激活到发现差异，从而完成第二个子任务并进行自我评价。而在应用实践层面，需要学生逐步实现对语篇的深度学习。教师引导学生进行造句，并挖掘一些知识性信息让学生分析，思考动物中哪些动物也拥有 sharp teeth，感受到对已有知识展示表达的乐趣，培养学生的"思维美"。

接下来是故事的主干部分，主要展示的是绘本的两次冲突。在第一次冲突的故事环节中，老鼠踩了狮子的尾巴，此时学习词汇 step，分析老鼠和狮子的情感并角色演绎，完成第三次子任务的教学活动展示。第二次冲突，分析狮子落网后的心理，培养"探究美"。例如关于狮子被困在网中的描述，故事中提到猴子和大象拒绝帮忙，由学生对其原因和情感进行分析，提炼并清晰地表达。之后学习词汇 bite 并分析老鼠如何解决狮子被困这一问题。教师鼓励学生思考并运用任务单填空，考查学生对所学内容的掌握程度及对故事结局的了解情况，完成第四个子任务，这是对学生学习品质中的思维能力及探究能力的双重培养。这里除展示"表达美"外，还设计了问题解决性任务，要求学生具备一定的任务分析能力和逻辑推理能力，推动学生更完美地解决问题，持续探究，培养"探究美"。

（3）合作探索实践，助力"融合美"

在 post-task 阶段，是绘本的 post-reading。这一阶段主要是在前面的子任务实施的前提下，在课堂上小组合作，引导学生根据板书支架，对绘本进行故事理解演绎。在合作展示活动中，同伴之间明确角色分配，共同完成总任务，使得小组成员之间的交往更为频繁，情感相互融合，培养默契度，每一名成员能感受到在这段展示中的独一无二和不可替代，让学生更为积极地完成任务，增强合作意识。

这种活动环节以表现性任务创设有趣、信任、合作的气氛，帮助学生提高运用所学知识进行复述故事的能力以及提升自信表达的能力。课堂在复述和聆听的过程中进一步渗透本课时的情感目标并进行升华：每个人都需要朋友。这不仅让学生强化语言内容，完成最后的语篇输出，还可以通过对事实的理解和判断发表自己的看法，从而提升思维品质，培养学生的"表达美""思维美"以及合作解决的"融合美"。

课堂最后融合自然学科，拓展知识，认识真正的大自然中的不同生物朋友：熊和老虎、猩猩和猎豹是情感寄托型朋友；千鸟和鳄鱼、牛晶鸟和水牛、斑马和鸵鸟属于互助型朋友。学生进一步领悟到互助的友谊。

课后任务内容是学生讨论除了成为朋友还有没有其他结局，例如根据实际情况老鼠有没有被吃掉或者老鼠要求狮子道歉等。小组讨论开放式结局，然后在下节课做出故事演绎。这种创造性任务活动环节，不仅让学生强化语言内容，完成最后的语篇输出。还可以通过对事实的理解和判断发表自己的看法，从而提升思维品质。培养学生的"表达美""思维美"以及合作解决问题的"融合美"，落实英语学科核心素养。

（三）案例分析

对于这节课，由几位老师在课上对于学生品质的八个观察点进行观察和记录，并针对课堂的观察记录进行数据分析。

1. 课堂观察总体数据分析

（1）记录数据的说明

课堂观察的视点、角度非常多，不可能做到全面覆盖。我们结合项目学习的特点与区项目组对学生学习品质的观察角度，围绕"表达美""融合美""思维美"和"探究美"四项学习品质对学生进行观察，制定了上海同济黄渡小学英语学科学习品质指征和评价标准。学习品质共八个观察点：口头表达、书面表达、学习成果、问题意识、学科思维、持续探究、评价反思、合作解决。每个观察点分为三个层级，对该观察点的学生具体表现进行描述。

本节实践课共进行了35分钟，共有8个合作小组，合计40名学生参与。每一组由一名老师担任观察者，记录组内学生的课堂表现。根据上海同济黄渡小学英语学科学习品质指征和评价标准，在项目学习进行的时间内，利用上海同济黄渡小学英语学科品质课堂学生表现观察表，每10分钟做一次课堂观察与记录，以反映学生在项目学习过程中的学习品质的真实情况。最后将观察者记录的数据进行整理统计与数据分析，结果如下：

在35分钟的课堂内，以每10分钟一次的时间频率记录，共计4次记录，统计8个观察点得到以下数据（见图5-4、图5-5）。

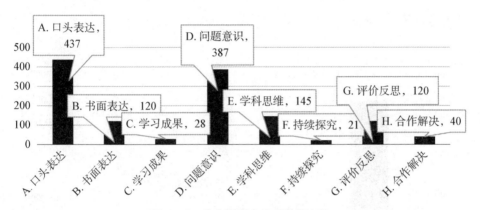

图5-4 八个观察点出现的总次数

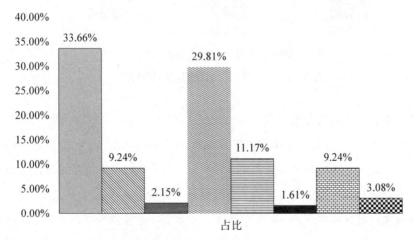

图5-5 八个观察点出现的百分比

（2）四种学习品质的数据分析

表达美。口头表达（A）出现次数最多，有437次，平均每名学生有10.92次，平均每名学生3.5分钟就有1次发言表达；书面表达（B）出现120次，因任务单的任务是全部学生共同完成，所以每名学生都有3次书面表达；学习结果（C）出现28次，平均每名学生约0.5次，数值不高。纵观全员，对于学习结果的展示主要集中于表现突出、平时就爱举手发言的学生。英语水平较低的学生在结果展示上表现较少（见图5-6）。

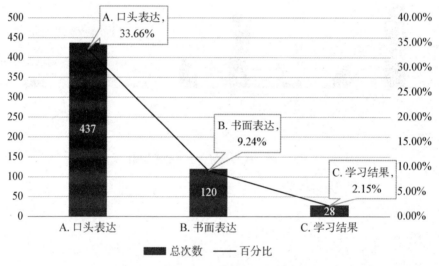

图5-6 "表达美"出现的次数及百分比

思维美。学生的问题意识（D）共出现了387次，平均每人出现次数为9.67次，平均每3.64分钟每名学生就要思考1次。而学科思维（E）在整个课程内共出现了145次，平均每名学生表现3.6次。小组中组内数据趋于平稳，表示每名学生在问题回答上都能有所表现。学科思维还有待提高（见图5-7）。

探究美。持续探究（F）共出现21次，平均每名学生0.5次，并不是每组都有出现，某一小组表现尤其明显，但大部分的表现都主要集中于个别几位学生，其课堂表现亮眼突出。同时，评价反思（G）共出现120次，因为任务单上三份任务都要求做出自我评价及反思。探究方面还有待加强（见图5-8）。

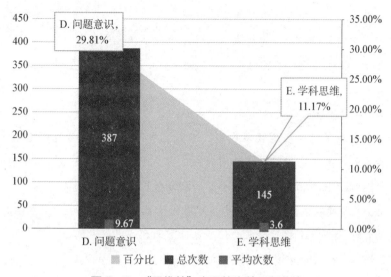

图 5-7 "思维美"出现的次数及百分比

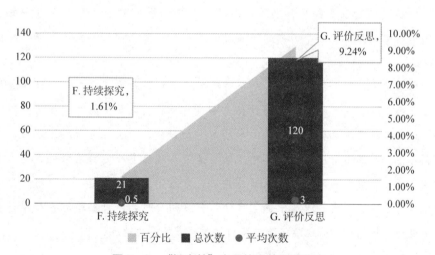

图 5-8 "探究美"出现的次数及百分比

融合美。在最后一个总任务中，小组所有成员都参与其中，分为狮子、老鼠，配角大象、猴子以及旁白。小组中每人都根据本节课所学内容进行融合和输出。合作解决（H）共出现 40 次。

2. 英语学习品质在任务圈式任务中的提升

(1) 表达——提升英语学习品质的有效手段

整个课堂实施过程中，学生表达培养在每一个任务中都有体现。

任务1：在对狮子和老鼠的介绍上通过 chant 和歌曲，学生带入角色，进行有感情的表达。

任务2：狮子和老鼠的冲突1中学生小组合作结合表达的三个标准是正确、流利和生动，角色配音表达故事内容。冲突2中狮子遇到的问题及其他动物的反应、老鼠救人的方法原因都作为问题，让学生进行思考和表达。在此过程中，学生不仅锻炼了表达能力，更是培养了问题分析能力。

任务3：演绎故事结尾以及对本篇故事的情感分析都充分培养了学生的口语表达能力，而任务单上的三份书面任务也让书面表达得以锻炼。

(2) 思维——英语学习品质提升的关键

英语学习中的思维培养，是学生适时运用所学内容，结合新授知识展示观点的思维过程，其最终目的是促进学习目标的有效达成。思维有两个层次，分别是问题意识和学科思维。问题意识是培养学生核心素养中的一个重要内容，它的培养是一个长期的思维过程，也是新课标重点要求学生提高的核心品质。

本课中学生思维表现主要集中在对绘本故事发展的问题反应及通过学科知识的思维表达。我们以第二组的数据为例进行分析：在学生的思维能力上，问题意识比学科思维表现明显。从面对绘本封面开始，学生就进行思维发散，提炼图片信息，猜测图片发生的环境及故事情节。对故事冲突的思维培养重点在于故事线上各角色的走向原因及情感内容，方便学生带入情境，经过思维分析后进行有感情的表达。但是根据学生学习程度的分析，学科思维需要在学科基础上进行思维发展。这也是接下来要对学生重点培养的地方。

(3) 探究——提升英语学习品质的表现

根据数据表明，持续探究及评价反思部分在整节课占比并不是最大的，为10.85%。这部分学习品质的培养是最难在课堂中体现及表现的。持续性的探究需要在上一步问题意识和学科思维的基础上进一步思考和研究，考验学生的学习能力和品质培养。这在接下来的课程设计和研究中要重点表明和体现。

（4）融合——提升英语学习品质的趋势

融合是学习品质培养的发展趋势。学科间的融合，比如这节课中与自然学科的融合；文化间融合，如中西文化的对比与融合；技术融合，如计算机多媒体的运用手段与学科的融合；以及学生对所学知识与自身思维能力、合作能力的融合，都是今后课堂设计的方向。

学生在思考、沟通、交流的过程中，应用英语表达，不断转化思维与语言应用，提高实际语言输出能力。这正是英语学习品质得到提升的有力证明。

（四）反思与体会

1. 课堂品质诊断工具的作用

在项目学习的实践活动中，为了更好地了解学生整个课堂的表现，对于不同表现有更加直观的掌握，我们设计了上海同济黄渡小学英语学科学习品质指征和评价标准，聚焦学生的表达、思维、探究、融合四个品质。再配合上海同济黄渡小学英语学科品质课堂学生表现观察表，记录下第一手信息，经由数据整合和分析，在数据支持下能更加直观、更加直接地了解学生课堂表现。

这些数据提供了对于班级整体表现、各个小组及个人的不同表现的详细分析，方便我们从多维度和不同视角来更全面地评价学生、指导学生，帮助我们发现学生不同的一面。同时，这些数据也便于我们复盘整堂课，结合学生表现、反馈与课堂实施效果来逆推实际教与学上的优势与不足，指明进步方向和有待提升、可以修改的部分。这可以帮助教师完善设计，对知识内容的认知有更深层次的理解与体会。

2. 课堂反思

这节课后，我们进行了复盘和分析，以下是四点反思：

（1）巧用绘本，创作情境

根据教学内容，选取本单元学习内容及情感相关的绘本，进行文本的创编，运用软件技术制作动画及配音，巧妙地串起了核心词汇及句型，为本课知识练习和运用作铺垫。

（2）活动多样，增加互动

本课时通过 play a game、work in pairs、sing a song、chant、try to say、ask and answer 等形式帮助学生反复地在情境中操练重点词汇和句型，在 post-task

中，通过角色扮演，提高学生表达的欲望，达到了语用的目的。

（3）层层递进，提高语用

把知识点在情境的推进中层层教授，边教边练。中间穿插了自编歌曲和诗歌，帮助学生理解运用新句型。

（4）评价伴随，提升素养

课堂上从发音准确、清晰流畅和生动形象三个维度对学生进行课堂即时评价。任务单上的每个任务均由学生对过答案后进行自评。如何完善承上启下的过渡语以及如何分层培养学生发散思维、运用所学英语来表达自己的观点，是今后需要继续思考、改进设计和实践的方面。

3. 基于任务圈的学习体会

基于任务圈的课堂实施能使学生充分参与课堂，成为课堂的主导者，让学生全身心地投入课堂，帮助学生发展各项能力与培育素养，尤其是对于英语学习较为弱势的学生，会让原本很难参与其中的学生有表达的机会。

以学生王某为例，在日常的课堂中，王某由于学习基础和行为习惯较差，课堂表现极为散漫，注意力不集中，英语课堂参与率很低。虽然他本人口语表达尚可，但在这些缺点的掩盖下，他的课堂整体表现属于班级较低水平。但本次品质课堂实践课展现了他的另一面。他在小组合作展示中担任猴子一角，并多次发言，潜移默化中建立了兴趣信心，提升了学习品质，展现了他的长处和表现能力。以下是王某平时表现记录与本案例数据对比（见表5-7）。

表5-7　某学生传统课堂和基于任务圈的课堂表现对比

	口头表达	书面表达	学习成果	问题意识	学科思维	持续探究	评价反思	合作解决
项目课堂	4	3	2	4	1	2	3	1
传统课堂	2	1	1	1	0	0	1	0

与传统课堂相比，王某在开放式任务圈课堂上口语表达与融合表现都有所突破，表现亮眼。为了直观了解，将开放式任务圈课堂表现数据等比计算，与传统课堂表现对比，得到以下数据图表（见图5-9）。

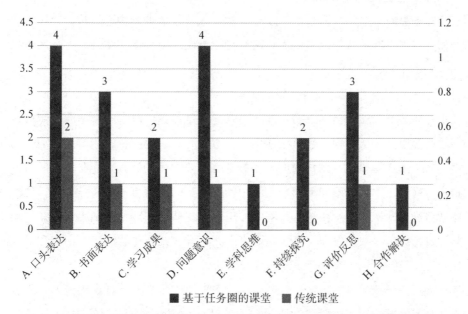

图 5-9 某学生在传统课堂和基于任务圈的课堂中"表达美"和"融合美"的对比

基于任务圈的课堂实施为各层次学生都提供了机会与展示的舞台,在传统教学班级中水平较低的学生由于分层的任务而获得了展示的机会。对于水平较高的学生来说,问题思维及探究能力得到提高。这样的课堂增加了学生的学习能力,有效促进了学生主动学习。

从本项目课堂实施所记录的数据来看,学生的表达、思维、探究及融合能力在课堂上都得到了训练,并得到了展现的机会。与传统课堂相比,学生在问题意识及反思能力上有明显提高。可见开放式任务圈的任务活动,能给予学生更多机会参与学习活动,学生积极性变高。通过绘本展示,学生开展有效合作,并在此过程中不断思考,最终完成任务。同时,大量角色表达和问答让每个学生都有发言机会,能表达自己的思考与理解。伴随着大量的倾听和表达,学生在创设的语境中学习理解了新的单词、对文章结构的思考、对故事内容的表达及融合。这一过程能让学生的英语学习品质得到生长。但学科思维和持续性探究还有提升的空间。

四、 任务圈的实践成效

任务圈教学倡导以人为本，以活动为载体，以学生为中心，在学生自主、合作过程中，不断发展语言能力、培育文化意识、提高学习能力，提升思维品质。主要成效如下：

（一）任务引领，发展教师专业素养

在任务圈课堂的实施之前，教师明确了任务目标，对它的合理性和可行性经过反复思考，从课程、教材和学生三个方面分析，确定任务内容。同时，明确了各个任务的属性、预估时间、任务难度、教学活动等。教师在教学任务的推进过程中，学会运用非预期行为解决问题，及时调整自己的教学策略，达成教学目标。此外，教师在教学过程中注重评价主体的多元性，融入学生参与教学评价，突破以教师为唯一评价主体的传统评价方式，注重过程性评价和结果性评价相结合，做到教学评一致性。

通过任务圈课堂的设计、实施和反思，教师的教学设计及实施能力不断提高，从而助推教师专业素养的提升，为持续打造品质课堂奠定坚实的基础。

（二）任务驱动，提升学生学习品质

课堂上，任务是学生学习的支架，教师是学生学习的指导者，同伴成为学生学习的合作者。任务圈的实施为各层次学生都提供了机会与展示的舞台。对于水平较低的学生来说，任务圈课堂的分层任务让他们获得了展示的机会。对于水平较高的学生来说，多样化及富有挑战性的任务设计让他们的思维能力和探究能力得到了提升。各层次学生都获得了不少的成就感，从而全面提升自己的"表达美""思维美""探究美"和"融合美"学习品质及英语核心素养。这样的教学有助于逐步培养学生成为"想学""会学""乐学"的新时代学习者。

总之，通过将任务圈模式应用到小学英语教学实践之中，我们验证了该模式在英语教学中的有效性。这一教学方法以培养学生英语核心素养为出发点，打破了传统教学中的"教师教，学生学"的理念，使教师和学生共同参与课堂教学活动，通过不断地达成共识，并最终达到教学目标。

（撰稿人：王洵　王维纳）

第六章

任务链：螺旋结构的链式学习

　　任务链是围绕教学目标设计的具有结构性、逻辑性和适切性的一组任务序列，其中的每个任务都指向一个教学目标。任务链根据儿童的思维水平和最近发展区进行设计。教师将教学目标分解，设计若干个前后逻辑关联紧密、层层递进的学习任务。这一系列任务围绕着核心素养，连接起来就构成了一个链式整体。任务链从儿童的思维出发，引导儿童自主探究，充分体现了教学过程中儿童的主体地位，让儿童在情境中、活动中有所收获，达到对知识内容的深刻理解。

本章围绕数学学科阐述项目研究的成果，并结合具体教学案例论证双螺旋任务链教学是在新课标引领下，提升学生学习品质的一种有效的数学教学模式。

一、 任务链的内涵与特征

（一） 内涵

《义务教育数学课程标准（2022 年版）》指出："有效的教学活动是学生学和教师教的统一，学生是学习的主体，教师是学习的组织者、引导者与合作者。学生的学习应是一个主动的过程，认真听讲、独立思考、动手实践、自主探索、合作交流等是学习数学的重要方式。教学活动应注重启发式，激发学生学习兴趣，引发学生积极思考，鼓励学生质疑问难，引导学生在真实情境中发现问题和提出问题，利用观察、猜测、实验、计算、推理、验证、数据分析、直观想象等方法分析问题和解决问题；促进学生理解和掌握数学的基础知识和基本技能，体会和运用数学的思想与方法，获得数学的基本活动经验；培养学生良好的学习习惯，形成积极的情感、态度和价值观，逐步形成核心素养。"①

任务链是教师在分析课程标准、教学内容和学生整体情况的基础上，围绕教学目标设计的具有结构性、逻辑性和适切性的一组任务序列，其中的每个任务都指向一个教学目标。

双螺旋任务链，是以"四基""四能"为双螺旋主线，以核心素养为双螺旋中心轴（导向）所设计的具有结构性、逻辑性和适切性的学习任务链（见图 6-1）。教师根据单元教学内容理清课时内容的"四基""四能"、核心素养，设计任务链。以任务为主线，以学生为主体，通过真实的情境任务，引导学生发现问题和提出问题，利用数学思想与方法分析问题和解决问题，从而习得核心知识，理解核心概念，形成关键能力，发展数学核心素养，提升学习品质。

（二） 特征

双螺旋任务链是教师结合教学内容，根据学生认知规律设计的具有结构性、逻辑性和适切性的学习任务链。

---

① 中华人民共和国教育部. 义务教育数学课程标准（2022 年版）[S]. 北京：北京师范大学出版社，2022：3.

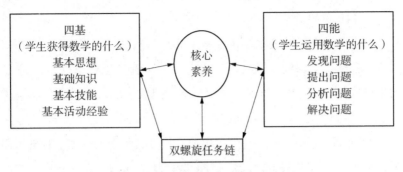

图 6-1　双螺旋任务链可视化图示

1. 结构性

双螺旋任务链，是在对教学目标、教学内容和课程标准进行分析后设计的具有结构性的任务链，不仅关注基础知识与基本技能的掌握，更关注数学知识结构的深度理解、数学基本思想方法的领悟、数学基本活动经验的积累，由此形成会用数学的眼光观察现实世界、会用数学的思维思考现实世界、会用数学语言表达现实世界的数学核心素养。

2. 逻辑性

双螺旋任务链是教师将教学目标分解为若干个前后逻辑关联紧密、层层递进的学习任务，这一系列任务围绕着核心素养，连接起来构成了一个链式整体。通过任务链实施，有效激发学生对数学的探究兴趣，引导学生全身心地投入课堂数学教学中，实现对数学的深度学习。

3. 适切性

双螺旋任务链根据学生的思维水平和最近发展区进行设计。任务链从学生的思维出发，引导学生积极地思考，任务的完成基于学生的积极参与，这一过程充分体现了教学过程中学生的主体地位，让学生在情境中、活动中有所收获，让学生沉浸其中，体验过程，享受数学思考的乐趣，达到对数学内容的深刻理解。

二、 任务链的设计

双螺旋任务链是以"四基""四能"为双螺旋主线，以核心素养为双螺旋中心轴（导向）而设计的学习任务链。教师在实施之前，需要基于课程目标和核心素养明确单课时任务链目标，依据教学目标设计任务内容、实施步骤及评价。

（一）目标的设计

1. 基于课程目标，确定任务链目标

《义务教育数学课程标准（2022年版）》明确指出数学课程的总目标是"通过义务教育阶段的数学学习，学生逐步会用数学的眼光观察现实世界，会用数学的思维思考现实世界，会用数学的语言表达现实世界（简称'三会'）"。学生能"获得适应未来生活和进一步发展所必需的数学基础知识、基本技能、基本思想、基本活动经验"，能"体会数学知识之间、数学与其他学科之间、数学与生活之间的联系，在探索真实情境所蕴含的关系中，发现问题和提出问题，运用数学和其他学科的知识与方法分析问题和解决问题"，能"对数学具有好奇心和求知欲，了解数学的价值，欣赏数学美，提高学习数学的兴趣，建立学好数学的信心，养成良好的学习习惯，形成质疑问难、自我反思和勇于探索的科学精神"。①

我们依据《义务教育数学课程标准（2022年版）》、教材内容和学生学情，依托任务链设计结构图，从学生获得数学的什么、学生运用数学的什么、学生学到什么程度三个维度分解课标，将课时学习目标进行精确定位，确定学习任务链目标。教师要将任务链的目标融入具体任务中，任务链的目标必须要有统领性和综合性，教师要以课时目标为依托，通过设计有效的任务链目标达到"三会"目标，提高学科核心素养。

2. 基于学习品质，确定任务步骤目标

学生的学习品质体现为在课堂中引发真实性学习，学生能够主动、持久地投入到学习中，对学习任务保持高涨的热情，通过多种学习方式、学习情境，综合运用知识和技能完成学习任务，形成迁移性的观点和方法，发展解决问题和体现创造的能力，具体体现在"表达美""思维美""探究美""融合美"四个评价要素。我们明确了"学会积极倾听、规范表达、展示学习成果""掌握核心概念、生发问题意识、内化数学思维""践行持续探究、善于评价反思""合作解决问题"九项学习品质指征（见表6-1）。

---

① 中华人民共和国教育部. 义务教育数学课程标准（2022年版）[S]. 北京：北京师范大学出版社，2022：11.

表6-1 数学学科学生学习品质评价指征表现

评价要素	评价指征	表现
表达美	学会积极倾听	能专注倾听老师和同伴的发言。
	规范（口头/书面）表达	有强烈的表达意愿，并能运用规范的数学语言、数学符号清晰表达和书写数学知识及观点。
	展示学习成果	能主动、积极展示探究结果，发表学习观点。
思维美	掌握核心概念	能掌握本课时的基本核心概念，并能进行综合运用。
	生发问题意识	能对学习任务进行多个角度、辩证的思考，并提出有理有据的疑问。
	内化数学思维	能运用数学思维方法进行判断、推理、总结。
探究美	践行持续探究	能专注进行问题探究，运用分析、创造、问题解决等高阶思维参与学习任务。
	善于评价反思	对学习过程中自己的学习状态、习得的方法进行反思，能够迅速调整学习行为。
融合美	合作解决问题	能积极和同伴共同合作交流、主动解决问题。

依据学习品质评价指征和具体表现，根据任务链总目标，确定任务步骤目标，将学习品质贯穿于学习任务，并通过学习任务的表现性评价寻找证据，发展学习品质。

（二）任务的设计

双螺旋任务链是在核心素养导向下，以学生为中心，创设富有挑战性的学习任务，驱动学生学习的积极性，激发学生创造性、实践性，使学生真正理解和掌握基本的数学知识和技能、数学思想和方法，掌握认识和解决问题的方法和步骤，从而真正实现数学学习方式的转变，提升学生的学习品质，发展学生的核心素养。

1. 情境性任务，激发学生"表达美"

创设生动有趣的任务情境，是数学教学活动产生和维持的基本依托，是学生自主探究的起点和原动力。通过情境性任务，引导学生发现问题、提出问题，激发学生解决问题的积极性，促进学生培养积极倾听、大胆展示、乐于表达的学习品质。

2. 探究性任务，发展学生"探究美""融合美"

在教学中，教师依据教学目标，设计探究性任务，引导学生运用分析、创造等高阶思维积极思考，自主探究。在思维的碰撞中发挥学生的能动性，使每个学生都主动参与探究活动，同时培养学生沟通交流、合作学习的能力，最终达到理解和掌握数学的基础知识和基本技能，体会和运用数学的思想与方法，获得数学的基本活动经验的目标，从而发展学生"探究美""融合美"的学习品质。

3. 综合性任务，培养学生"思维美"

通过设计能激发学生学习动机和挖掘学生思维潜力的富有挑战性的综合任务，驱动学生积极开展思维活动，让学生在具体的实践任务中，从直观思维向抽象思维过渡，发展数学逻辑思维，并体会到运用数学的乐趣，推动学生深度学习，以发展掌握核心概念、内化数学思维的学习品质。

在新课标理念下，教师要以核心素养为导向，聚焦"四基""四能"，科学合理设计具有结构性、逻辑性和适切性的双螺旋任务链。

三、 任务链的教学实施

双螺旋任务链以学习任务为载体，教师通过创设情境任务，引导学生通过自主探究、合作学习等方式完成任务，从而达成教学目标，提升学生的学习品质，主要实施步骤如下：

（一） 理清"四基""四能"，明确课时教学目标

在双螺旋任务链课堂的实施过程中，教师应从单元结构上分析教材内容，弄清教学内容的纵向关系、知识间的横向联系，找准大概念；从数学思想方法上去分析教材内容，明确单元教学内容和课时内容中学生需要发展的数学核心素养；从基础知识上分析教材内容，理清课时的"四基"和"四能"，制定单元教学内容和课时内容的教学目标。

以沪教版小学数学四年级《位置的表示方法》为例，这节课之前学生已经学习过用上下左右中表示简单位置关系，用东南西北描述物体的方向，大多数学生会用"第几排，第几列""第几列，第几个"等语言来描述自己在教室里的座位。本节课是在此基础上学习二维空间位置的表示方法，并能用有序数对进行表示，促进学生空间观念、符号意识的进一步发展，同时通过二维坐标系帮助学生直观感悟从生活化到数学化的过程，促进学生几何直观的发展。根据教材分析和学情分析，我们最终明确了本节课的中心轴即主要核心素养——符号意识、空间观念、几何直观，以核心素养目标确定了教学目标，设计了三个任务，形成双螺旋任务链（见图6-2）。

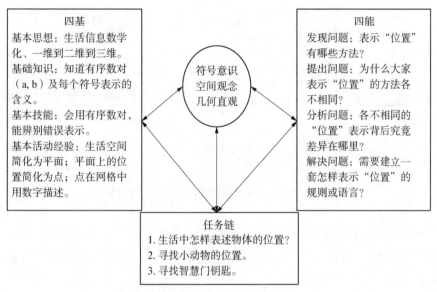

图6-2 《位置的表示方法》双螺旋任务链可视化图示

《位置的表示方法》教学目标：（1）知道可以用有序数对表示位置，知道有序数对（a， b）中每个数的含义，在具体情境中体会数对的简洁性、有序性和唯一性，掌握核心概念，发展符号意识，发展思维美。（2）通过观察、比较、分析等自主探究发现位置的表示方法，会用有序数对表示位置，体会规则的重要性，提高发现、分析、解决问题的能力，发展探究美。（3）经历生活空间简化为平面、平面位置简化为点的过程，提高抽象思维能力和迁移能力，发展几何直观和空间观念。

（二）基于教学目标，创设多元任务链

教师在分解课标、分析教学内容、明确教学目标的基础上，根据学生的年龄特点和认知规律，设计以真实问题为基础的情境性学习任务，调动学生认真倾听、积极思考的学习品质，促进学生发现问题、提出问题，让学生想学、要学，通过探究性任务，让学生动手实践、自主探究、合作交流，使学生在掌握知识的同时获得基本思想和基本活动经验，让学生能学、会学，同时在持续的积累和提炼中发展核心素养，提升课堂教学品质（见图6-3）。

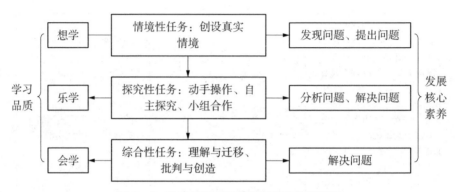

图6-3 数学学科双螺旋任务链实施路径图

基于教学目标和任务链，我们逐步细化各任务目标、任务步骤、任务类型、学习方式、评价方式，形成了任务属性表。以四年级《位置的表示方法》为例，制定了如下任务属性表（见表6-2）。

表6-2 《位置的表示方法》任务属性表

课题：《位置的表示方法》
教学目标： 1. 知道可以用有序数对表示位置，知道有序数对（a， b）中每个数的含义，在具体情境中体会数对的简洁性、有序性和唯一性，掌握核心概念，发展符号意识，发展思维美。 2. 通过观察、比较、分析等自主探究发现位置的表示方法，会用有序数对表示位置，体会规则的重要性，提高发现、分析、解决问题的能力，发展探究美。 3. 经历生活空间简化为平面、平面位置简化为点的过程，提高抽象思维能力和迁移能力，发展几何直观和空间观念。

任务 1	生活中怎样表述物体的位置？		
任务目标 （包含核心素养）	了解一维、二维、三维空间中的位置表述的不同，在对比、观察中发展空间观念。		
任务步骤	任务类型	学习方式	评价方式
1.1　学生自主交流。 1.2　对比观察：排队、电影票座位、家的位置的表述方法有什么区别？	☑情境性 □操作性 □探究性 □综合性	☑自主 □合作	☑口头评价 □纸笔测试 □表现性评价 ☑交流评价

任务 2	寻找小动物的位置		
任务目标 （包含核心素养）	1. 通过观察、比较、分析，知道可以用有序数对表示位置，体会规则的重要性，提高发现、分析、解决问题的能力。 2. 经历生活空间简化为平面、平面位置简化为点的过程，提高抽象思维能力，发展几何直观和空间观念。 3. 知道并会用有序数对表示位置，知道有序数对（a，b）中每个数的含义，在具体情境中体会数对的简洁性、有序性和唯一性，发展符号意识。		
任务步骤	任务类型	学习方式	评价方式
2.1　帮助小动物寻找位置。 2.2　了解横轴、纵轴对应的数表示的含义。 2.3　对比发现有序数对中数的含义，感知简洁性、唯一性。	☑情境性 □操作性 ☑探究性 □综合性	☑自主 □合作	☑口头评价 □纸笔测试 ☑表现性评价 □交流评价

任务 3	寻找智慧门钥匙		
任务目标 （包含核心素养）	1. 会用有序数对表示位置。 2. 通过分析，解决有关有序数对的实际问题。		
任务步骤	任务类型	学习方式	评价方式
3.1　闯迷宫。 3.2　寻找智慧门钥匙。	☑情境性 □操作性 □探究性 ☑综合性	☑自主 □合作	□口头评价 ☑纸笔测试 □表现性评价 □交流评价

（1）情境性任务（任务1）：生活中怎样表述物体的位置？

本节课根据学生已有的生活经验，设计了情境性任务即任务1"生活中怎样表述物体的位置？"（见图6-4）。学生通过提前搜集的信息自主交流，在学生对比观察排队、电影票座位、家的位置的表述方法后，教师提出问题：你发现了什么？教师引导学生发现表示位置的方法各不相同，思考：为什么会出现这种情况？这些位置的表示方法有什么相同点？学生感受到一维到二维到三维空间中的位置表述的不同。通过生活经验的提取，学生在观察和比较中，在发现和提出问题的过程中，逐步发展空间观念。

图6-4 《位置的表示方法》情境性任务

（2）探究性任务（任务2）：寻找小动物的位置

本节课设计了探究性任务即任务2"寻找小动物的位置"（见图6-5）。通过让学生帮助小羊（第2列，第2行）、狐狸（第2列，第4行）寻找座位，教师用图示引导学生发现问题：为什么同一个座位，小羊觉得是第2列第2行，狐狸却觉得是第2列第4行？引导学生思考分析，自然引出需要统一规则。在数对产生的过程中，教师通过"发生了什么？""为什么？""怎么办？"几个问题引导学生思考、分析，得出用有序数对表示位置的方法及有序数对（a，b）每个数的含义，培养学生分析问题以及解决问题的能力。

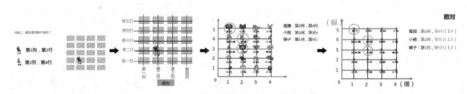

图6-5 《位置的表示方法》探究性任务

任务 2 将生活空间简化为平面图示，再进一步简化为点，形成了几何直观，进而在网格中用有序数对来表示点的位置。在分析和解决问题的过程中，学生经历了生活信息的数学化过程，形成了"数形结合"的基本思想，发展了符号意识、空间观念、几何直观。

（3）综合性任务（任务3）：寻找智慧门钥匙

为了培养学生综合运用知识的能力，我们设计了综合性任务即任务3"寻找智慧门钥匙"（见图6-6）。通过"闯迷宫"和"寻找智慧门钥匙"的任务，学生感悟"点—线—平面图形"的过程，加深对知识的理解，提高理解与迁移能力。

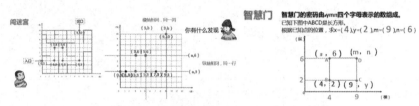

图6-6 《位置的表示方法》综合性任务

（三）明确学习品质，设置预期表现

新课标中明确提出，课堂评价主要指对学生课堂学习行为、学习方式和学习表现的评价。基于嘉定区"想学、乐学、会学"的学习品质和我校"四美"的评价要素，数学组确定了数学学科学生学习品质评价量表（见表6-3），对每个观察指征进行了表现性评价标准的制定，根据学生达成的目标不同，依次分为A、B、C三个等级，从而更加全面和客观地观察学生在"表达美、思维美、探究美、融合美"学习品质要素方面的表现。

表6-3 数学学科学生学习品质评价量表

评价要素	评价指征	评价标准		
		A	B	C
表达美	学会积极倾听	能专注倾听老师和同伴的发言。	大部分时间能听老师和同伴的发言，偶尔有开小差、做小动作等现象。	对于老师和同学的发言缺乏关注，经常性走神或者在做与学习内容无关的事情。

评价要素	评价指征	评价标准		
		A	B	C
	规范（口头/书面）表达	有强烈的表达意愿，并能运用规范的数学语言、数学符号清晰表达和书写数学知识及观点。	能主动发言，能运用较为规范的数学语言、数学符号表达和书写数学知识及观点，内容基本正确。	基本不主动举手发言，无法使用数学语言、数学符号表达和书写数学知识及观点。
	展示学习成果	能主动、积极展示探究结果，发表学习观点。	在老师及同伴的协助下，进行探究结果的展示及观点的表达。	在老师及同伴的协助下，能完成探究过程，但无法进行表达。
思维美	掌握核心概念	能掌握本课时的基本核心概念、提升核心素养，并能进行综合运用。	知道本课时的基本核心概念、提升核心素养，但无法进行综合运用。	难以掌握本课时的基本核心概念。
	生发问题意识	能对学习任务进行多个角度、辩证的思考，并提出有理有据的疑问。	能对学习任务进行简单的思考，并提出个人的疑问。	对于学习任务不能进行有效思考。
	内化数学思维	能运用数学思维方法进行判断、推理、总结。	能运用数学思维方法进行简单的判断、推理，但无法进行总结。	无法运用数学思维方法进行判断和推理。
探究美	践行持续探究	能专注进行问题探究，运用分析、创造、问题解决等高阶思维参与学习任务。	能在老师的引导下进行粗浅的问题探究，但在分析、创新等方面有所欠缺。	不能独立或合作完成问题探究。

评价要素	评价指征	评价标准		
		A	B	C
	善于评价反思	对学习过程中自己的学习状态、习得的方法进行反思，能够迅速调整学习行为。	对学习过程中自己的学习状态、习得的方法进行简单反思，但不能够迅速调整学习行为。	对学习过程中自己的学习状态、习得的方法不能进行反思。
融合美	合作解决问题	能积极和同伴共同合作交流、主动解决问题。	在同伴的引导下，协助解决问题。	难以和同伴合作交流、解决问题。

教师根据课堂教学目标、任务步骤和数学学习品质评价指征的评价标准，明确课时中需要发展的学习品质，从而进行学生表现预设，设置指向"四美"学习品质的观察点（评价点），并通过学习任务的表现性评价寻找证据。以四年级《位置的表示方法》为例，制定了如下学习品质观察点（见表6-4）。

表6-4　《位置的表示方法》学习品质观察点

任务1：生活中怎样表述物体的位置？	
任务步骤	学习品质观察点
1.1 学生自主交流。 1.2 对比观察：排队、电影票座位、家的位置的表述方法有什么区别？	表达美： 1. 能用数学语言准确地交流不同的位置表示方法。
任务2：寻找小动物的位置	
任务步骤	学习品质观察点
2.1 帮助小动物寻找位置。 2.2 了解横轴、纵轴对应的数表示的含义。 2.3 对比发现有序数对中数的含义，	表达美： 1. 能用第几行、第几列表示小动物的位置。 思维美： 2. 能用数对表示小动物的位置。

任务 2：寻找小动物的位置	
感知简洁性、唯一性。	探究美： 3. 在同桌交流中能发现数对中每个数字所表示的含义。 4. 能通过对数对（3，4），（4，3），（3，0），（0，3）的分析，发现数对的特点。

任务 3：寻找智慧门钥匙	
任务步骤	学习品质观察点
3.1 闯迷宫。 3.2 寻找智慧门钥匙。	思维美： 1. 能通过分析、比较发现一行、一列数对的特点。 2. 能综合运用正方形和数对的知识解决问题。

（四）基于课堂观察，整理分析数据

在任务实施过程中，教师应对每个任务中学生的表现进行观察和记录。通过有效地记录学生在课堂学习时的真实情况和数据分析，判断学生学习品质的体现，分析学生的深度学习是否真实地发生，进而为学习任务链的设计与改进提供参考。

依据学校学习品质指征和评价观察点，关注学生的"学"和教师的"教"。我们从"学生学的表现"和"教师学习任务的设计"两个维度，设计了学生学习品质课堂观察记录表（见表 6-5）和学习任务课堂观察表（见表 6-6）两张课堂观察表。

表 6-5　学生学习品质课堂观察记录表

观察对象：第（　　）组（前/后）				观察者：			
观察要素	观察指征	学生 1	学生 2	学生 3	学生 4	学生 5	学生 6
表达美	学会积极倾听						
	规范表达						

观察对象：第（　　　）组（前/后）　　　　观察者：						
	展示学习成果					
思维美	掌握核心概念					
	生发问题意识					
	内化数学思维					
探究美	践行持续探究					
	善于评价反思					
融合美	合作解决问题					
学生亮点：						

表6-6　学习任务课堂观察表

任务设计	观察对象	观察综述	改进空间
任务1	学生学习行为		
	教师教学行为		
任务2	学生学习行为		
	教师教学行为		
……			

　　教师观察学生课堂表现，依据学习品质评价量表中的评价标准记录学生的学习过程，关注学生"怎样学"和"学得怎样"，并对学生的学习行为进行整体概述。通常将全班分成8个小组，一位老师观察一组学生（4—6人），以关注学生在学习过程中学习品质的真实情况，最后对数据进行整理统计，分析在任务驱动下学生的"学"是否达到预定的教学目标、培养初步的核心素养和预想的学习品质，促进课堂观察的评价有序、有效。

　　学习任务课堂观察表注重对教学任务设计的观察，观课教师通过观察学生行为和执教教师行为，了解教师运用的教学手段是否合理，判断设计的学习任务链能否达到和培养预期的教学目标和核心素养，从而评价这堂课的双螺旋任务链设计得是否合理，有没有亮点值得学习，有没有不足需要规避，从而提出改进的空间，为今后优化任务设计及实施提供一定借鉴。

工具量表的使用，促使教师更加关注学生的学习品质，有效地为教师设计和完善学习任务链提供了可量化的参考，进而提升课堂效能，让学生有效学习、深度学习，发展思维、发展素养。

以四年级《位置的表示方法》为例，我们进行双螺旋任务链设计与实施。本节实践课共进行了 35 分钟，共有 8 个合作小组，合计 43 名学生参与。每一个合作小组由一名老师担任观察者，根据数学学科学生学习品质评价量表的评价标准记录组内学生的课堂表现，以反映学生在学习过程中的学习品质的真实情况，最后将观察者记录的数据进行整理统计与数据分析。以下是统计八项学习品质评价指征得 A 的情况，得到以下数据及分析：

在"表达美"的评价要素中，"学会积极倾听"得 A 有 38 人，占全班人数的 88.37%；"规范表达"得 A 有 34 人，占全班人数的 79.07%；"展示学习成果"得 A 有 24 人，占全班人数的 55.81%。纵观全员，通过创设生动有趣的情境性任务、设置有冲突的问题，学生的学习兴趣被激发，积极倾听行为达到了 80% 以上，其中包括教师讲解、组内讨论探究、学生汇报等各个活动阶段，并且大部分学生都能使用规范的语言表述想法。对于学习成果展示，主要集中于表现突出、平时就积极举手发言的学生（见图 6-7）。

在"思维美"的评价要素中，"掌握核心概念"得 A 共有 36 人，占全班人数的 83.72%；"生发问题意识"得 A 共有 26 人，占全班人数的 60.47%；"内化数学思维"得 A 共有 32 人，占全班人数的 74.42%。纵观全员，学生通过双螺旋任务链驱动，基本能掌握本课时的"四基"。在任务 3 中，学生基本能运用任务 2 学习的核心概念，经过分析判断解决问题。但对于学生生发问题意识的培养，这节课设计的环节并不能得到很好的效果，只有 26 人在任务 2 中对同伴的回答提出疑问，表示这部分还有所欠缺。整体来说，学生通过任务 1 和任务 2 逐步发展了"思维美"的学习品质（见图 6-8）。

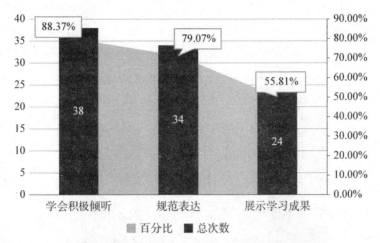

图 6-7 "表达美"中 A 出现的次数及百分比

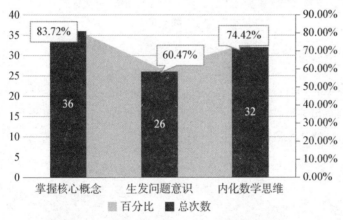

图 6-8 "思维美"中 A 出现的次数及百分比

在"探究美"的评价要素中，"践行持续探究"得 A 共有 33 人，占全班人数的 76.74%。本节课中有 1 次小组讨论探究和多次自主探究。根据数据和观课老师记录，学生在小组探究时能积极交流发言，专注进行问题探究，而在自主探究时，有学生会出现分神、不思考的情况。"善于评价反思"得 A 共有 26 人，占全班人数的 60.47%。在本节课的任务 2 中，大多数学生对于产生的思维冲突能够及时进行反思，在任务 3 中对得出的方法能够迅速掌握、理解消化。个别几名学生对于教师与同学的发言能够进行有理有据的评价或大胆质疑，课堂表现亮眼突出（见图6-9）。

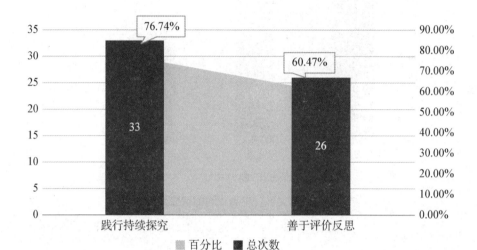

图6-9 "探究美"中Ａ出现的次数及百分比

从本节课实施所记录的数据来看，通过双螺旋任务链的实施，学生在倾听与表达、判断与推理、运用与迁移这三个方面都得到了发展与提升。可见通过双螺旋任务链的任务活动，学生在创设的情境中学习理解了基本知识，培养了基本能力，并通过反思、迁移发展了核心素养。

 创意设计

巧设双螺旋任务链，发展学生空间观念
——以沪教版小学数学三年级第一学期第五单元《轴对称图形》为例

（一）案例背景

我们以数学核心素养为导向，以双螺旋任务链为中心实施教学，引导学生在学习任务中提升学习品质。教师根据单元教学内容，理清课时内容的"四基""四能"，围绕"四基""四能"和核心素养，设计情境任务，引导学生发现问题和提出问题。利用观察、猜测、推理、验证等方法，分析问题和解决问题，促

进学生理解和掌握数学基础知识和基本技能，体会和运用数学思想与方法，获得数学基本活动经验，从而习得核心知识，理解核心概念，形成关键能力，发展数学核心素养，提升学习品质。

（二）教材分析

本节课为沪教版小学数学三年级第一学期第五单元"几何小实践"中《轴对称图形》一课。轴对称是现实生活中广泛存在的一种现象，是密切数学与现实联系的重要内容。本节课通过观察、操作、想象、交流等活动，激活学生已有的认知经验，直观认识轴对称图形和对称轴；通过对轴对称图形的辨析活动，让学生掌握轴对称图形的特征。学生在观察、欣赏和绘制轴对称图形的过程中，发展空间观念，从对图形的感性认识上升到对轴对称图形的理性认识，为进一步学习等腰三角形和圆等相关知识奠定基础。同时，本节课也是联系数学与生活的桥梁。

（三）学情分析

学生在一、二年级已经初步认识了长方形、正方形、圆等平面图形，并且具有一定的动手操作基础。三年级学生的思维处于直观到抽象的过渡阶段，学生已有的生活经验和知识能力对解决问题有很大的帮助。因此，本节课要充分调动学生已有的生活经验，让学生在折一折、画一画、说一说等过程中积累基本的活动经验，发展空间观念和几何直观能力。同时，结合具体实例，让学生通过观察、操作、有条理地思考，判断轴对称图形，进而对"完全重合"获得深刻的认识。

（四）教学片段回顾

本节课共有三大主任务，每一主任务下都有相应的子任务来支撑主任务目标的达成。

主任务一：什么是轴对称图形？这一主任务的目标是通过观察、操作、想象、交流等活动，认识轴对称图形和轴对称图形的对称轴。

其支撑的子任务是：1.1 学生通过欣赏动态蝴蝶和折一折等活动了解什么是对称；1.2 了解对称轴及其画法。

研究表明，丰富的经验背景是学生理解数学概念的前提，否则容易导致学生死记硬背概念的字面定义，而不能领会概念的内涵。由于现实生活中存在着大量的对称现象，因此，学生对于对称有着一定的认识。通过让学生结合已有生活经验，自由发表想法，为后续"充分感知—建立表象—抽象概念—形成概念"奠定基础。学生通过看一看、折一折、画一画，认识轴对称图形和轴对称图形的对称轴，感受轴对称图形的对称美，在发现问题和提出问题的过程中，逐步发展空间观念和几何直观。

主任务二：这些平面图形有几条对称轴？这个主任务的目标是能辨认轴对称图形，找出轴对称图形的对称轴。

其支撑的子任务是：2.1 小组合作，通过折一折判断轴对称图形，并找出有几条对称轴；2.2 通过观察、对比的方法分析"两侧完全相同"和"两侧完全重合"的两种图形。

学生先思考怎样验证平面图形是不是轴对称图形，再通过看一看、折一折、画一画，判断平面图形是不是轴对称图形。在这个过程中，学生能够掌握基本技能——判断图形是不是轴对称图形，并画出对称轴，由此发展空间观念、几何直观和创新意识。

主任务三：怎样画轴对称图形？这个主任务的目标是能根据对称轴将轴对称图形画完整。

其支撑的子任务是：3.1 学生独立思考，发现定向、定点的方法；3.2 学生独立尝试，通过定向、定点、定距、连线的方法画轴对称图形的另一半。

学生根据对称轴，由点到线来绘制轴对称图形，知道绘制轴对称图形的步骤，由此提高理解与迁移的能力，并培养综合运用知识的能力。在这一主任务中我们要培养的学生核心素养是几何直观和空间观念。

我们通过对"四基""四能"、核心素养的确定，设计双螺旋任务链。三个任务层层递进，让学生在掌握知识的过程中积累数学活动经验，渗透数学思想方法，发展学生的"四能"，落实"三会"，最终让核心素养落地。

（五）案例分析与思考

以《轴对称图形》一课为例，教师根据教材分析和学情分析，最终明确了本节课的双螺旋任务链以及任务属性表（见图 6-10、表 6-7）。

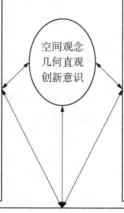

四基

基本思想：生活信息数学化。
基础知识：认识轴对称图形和轴对称图形的对称轴。
基本技能：能判断图形是否是轴对称图形，并画出对称轴；能根据对称轴将轴对称图形画完整。
基本活动经验：生活实物简化为平面图形；对折、观察、平移等方法验证图形的特征；由点到线绘制平面图形。

空间观念
几何直观
创新意识

四能

发现问题：什么是对称？
提出问题：什么是轴对称图形？对称轴在哪里？
分析问题：怎样验证平面图形是不是轴对称图形？
解决问题：绘制轴对称图形的步骤是什么？

任务链

1.什么是轴对称图形？
2.这些平面图形有几条对称轴？
3.怎样画轴对称图形？

图6-10　《轴对称图形》双螺旋任务链可视化图示

表6-7　《轴对称图形》任务属性表

课题：《轴对称图形》

教学目标：

1. 通过观察、操作、想象、交流等活动，认识轴对称图形和轴对称图形的对称轴，践行探究美。
2. 能根据对称轴将轴对称图形画完整，发展几何直观能力，提升思维美。
3. 在观察、欣赏和绘制轴对称图形的过程中，发展空间观念和创新意识，感受图形的对称美，激发数学学习的积极情感。

任务1	什么是轴对称图形？				
任务目标 （包含核心素养）	通过观察、操作、想象、交流等活动，认识轴对称图形和轴对称图形的对称轴，践行探究美的学习品质。 核心素养：几何直观、空间观念。				
任务步骤	维度	指征	评价标准	本节课观察点	典型行为记录

任务 1			什么是轴对称图形?		
1.1 学生通过欣赏动态蝴蝶和折一折等活动了解什么是对称。 1.2 了解对称轴及其画法。	探究美	践行持续探究	能专注进行问题探究,运用分析、创造、问题解决等高阶思维参与学习任务。	1. 能说出对称。 2. 知道对称轴及其画法。 3. 能判断图形是不是轴对称图形,并画出轴对称图形的对称轴。	
		善于评价反思	对学习过程中自己的学习状态、习得的方法进行反思,能够迅速调整学习行为。	1. 能对图形进行多角度思考,提出有理有据的疑问。	

任务 2			这些平面图形有几条对称轴?		
任务目标 (包含核心素养)			能辨认轴对称图形,找出轴对称图形的对称轴,践行思维美的学习品质。 核心素养:几何直观、空间观念、创新意识。		
任务步骤	维度	指征	评价标准	本节课观察点	典型行为记录
2.1 小组合作,通过折一折判断轴对称图形,并找出有几条对称轴。 2.2 通过观察、对比的方法分析"两侧完全相同"和"两侧完全重合"的两种图形。	思维美	掌握核心概念	能掌握本课时的基本核心概念,并能进行综合运用。	1. 能判断轴对称图形,并找出有几条对称轴。	
		生发问题意识	能对学习任务进行多个角度、辩证的思考,并提出有理有据的疑问。	1. 能对图形进行多角度思考,提出有理有据的疑问。	

任务 2	这些平面图形有几条对称轴？				
	内化数学思维	能运用数学思维方法进行判断、推理、总结。	1. 能分析"两侧完全相同"和"两侧完全重合"的两种图形。	

任务 3	怎样画轴对称图形？

任务目标 （包含核心素养）	1. 能根据对称轴将轴对称图形画完整，发展几何直观能力，提升思维美。 2. 在观察、欣赏和绘制轴对称图形的过程中，发展空间观念和创新意识，感受图形的对称美，激发数学学习的积极情感。 核心素养：几何直观、空间观念。

任务步骤	维度	指征	评价标准	本节课观察点	典型行为记录
3.1 学生独立思考，发现定向、定点的方法。 3.2 学生独立尝试，通过定向、定点、定距、连线的方法画轴对称图形的另一半。	思维美	掌握核心概念	能掌握本课时的基本核心概念，并能进行综合运用。	1. 能画出对称点。 2. 能画出轴对称图形的另一半。	
		生发问题意识	能对学习任务进行多个角度、辩证的思考，并提出有理有据的疑问。	1. 能判断画的是不是轴对称图形，提出有理有据的疑问。	
		内化数学思维	能运用数学思维方法进行判断、推理、总结。	1. 知道定向、定点、定距、连线的方法画轴对称图形的另一半。	

1. 践行探究美

在子任务2.1中，学生小组合作，通过折一折判断轴对称图形，并找出有几条对称轴。在学习单的指引下，通过折一折手中的平面图形，不断猜测、思考、尝试，反复经历折一折的操作过程，判断是不是轴对称图形，并找出有几条对称轴。

这个任务激励学生进行更加深入的学习与研究。在整个探究活动中，学生能专注地进行问题探究，真正理解、掌握数学基本知识与技能，并获得广泛的数学活动经验，提升探究美的学习品质。

2. 提升思维美

在子任务2.2中，学生通过观察、对比的方法，分析"两侧完全相同"和"两侧完全重合"的两种图形。本环节以学生为主体，在内化核心概念的基础上，运用数学思维方法进行判断、推理，发展学生的核心素养——空间观念、几何直观，提升思维美的学习品质。

3. 助力融合美

在子任务2.1中，学生小组合作，通过折一折判断轴对称图形，并找出有几条对称轴。本环节有较多的平面图形需要探究，因此，需要学生合理分配手中的平面图形。学生通过合理规划时间，在遇到困难、矛盾时，积极和同伴合作交流、主动解决问题，提升融合美的学习品质。

（六）教学思考

生活中有大量的对称现象，学生在日常生活中也接触过轴对称图形。但是三年级学生思维还处于直观到抽象的过渡阶段，因此，本节课力求让学生调动多种感官参与，通过观察、比较、交流、折一折等活动，不断感悟轴对称图形的特征，认识对称轴，让学生丰富对轴对称图形的认识，积累基本活动经验，发展动手能力和数学表达的能力。

本节课时间比较紧凑，没有完整呈现"根据对称轴和轴对称图形的一半，画出轴对称图形的另一半"这一环节，应思考是否可以将这一内容设计成后置作业，在下一课时继续交流探讨。

"路漫漫其修远兮，吾将上下而求索"，数学教学充满魅力，数学课堂更是魅力无穷。我们相信在今后的教育教学路上，只要做个有心人，数学课堂就会更精彩。

精心打磨学习任务，助力提升学习品质

——以沪教版小学数学五年级第一学期第五单元《平行四边形的认识》为例

（一）案例背景

根据行动方案，学校确立了"指向学习品质提升的任务驱动教学研究"课题，并以提升学生学习品质为目标，以学习任务驱动为策略，促进学生在任务驱动下经历有逻辑有深度的探究学习，进而在活动中习得核心知识，理解核心概念，形成关键能力，发展学生的学科核心素养。我们立足学校的培养目标，通过研究学习品质内核要素以及学科素养的关键特征，设计以学生为中心的学习任务，探索提升学习品质的策略。我们秉持"设计一份好的学习任务相当于给学生一个探索的支点，让学生有能力撬动未知的世界"这一理念，立足"四基""四能"，以核心素养为导向，着力打磨学习任务，助力提升学习品质。

（二）教材解析

《平行四边形的认识》是沪教版小学数学五年级第一学期第五单元的内容。本课主要的学习目标是知道平行四边形的定义和表示方法，掌握平行四边形的特征以及与其他四边形之间的关系。在测量操作活动中，学生认识平行四边形，了解平行四边形对边平行且相等，对角相等。在学生经历自主探究的过程中培养学生动手操作能力，提高学生提出问题、分析问题和解决问题的能力。学习此部分内容既完善了有关四边形的认识，又为后续学习平行四边形的面积、中学学习平行四边形的判定和性质定理等奠定了基础，具有承上启下的重要作用。

（三）学情分析

学生在一、二年级已经学会了用尺测量线段的长度，初步认识了四边形；在三、四年级认识了角，知道了垂直和平行这两种位置关系。学生经历了四年的数学学习，基本掌握了有关平面几何图形的探究方法，具有一定的动手操作经验以及合作探究学习的能力。通过设计《平行四边形的认识》相关知识对学生进行前测，了解学生已有的知识基础，掌握学生的困惑和知识盲区，确定课堂急需解决的问题，在此基础上，教师调整任务内容的设计和任务驱动的方式，立足"四基"

"四能"和核心素养设计了双螺旋任务链。在任务驱动下，学生经历动手操作、发现、验证、推理的过程，体验成功的喜悦，产生了更强大更持久的学习内驱力。

（四）教学片段

前测结果显示，80%的学生能了解平行四边形的"四边形"概念，53%的学生对"两组对边分别平行"理解不到位，了解平行四边形和其他图形之间关系的学生只占25%。这些数据让我们的学习任务设计定位更加准确。同时，对照前一个班级的后测情况，教师能更好地掌控教学时间，让学生更充分地分析、讨论、感知平行四边形和长方形、正方形之间的关系，提高了学生归纳和演绎推理的能力（见表6-8）。

表6-8　《平行四边形的认识》前测分析

1. 下列图形中，哪些是平行四边形？是的打√。

图形	五边形	梯形	正方形	四边形	平行四边形	菱形	平行四边形	长方形
正确人数	40	32	34	32	32	31	33	32
百分比	100%	80%	85%	80%	80%	77.5%	82.5%	80%

五6班前测分析	根据旧知，全班学生都知道平行四边形是四边形，并且大部分学生初步知道平行四边形有平行的边，这对于本节课定义的新授来说有良好的基础。但是对于特殊的平行四边形（尤其是菱形），部分学生概念还比较模糊，说明平行四边形的本质特征（两组对边分别平行）还需要重点强调。

2. 你对平行四边形有什么了解？

关键词	"四边形"	"平行"
正确人数	34	19
百分比	85%	47.5%

五6班前测分析	虽然大部分学生能够写出"平行四边形是四边形"这一要素，但是对于"对边平行"这个重要特征了解不深，只有少于一半的学生能写出"平行"这个关键词，平行四边形的其他特征更有待考究，所以平行四边形的特征是学生的盲区，也是本节课的重点知识。

3. 你觉得平行四边形和长方形、正方形三种图形之间有什么关系？

关键词	"一般" "特殊"
正确人数	10
百分比	25％
五6班前测分析	长方形、正方形、平行四边形这三种图形之间的"一般"与"特殊"的关系是本节课的难点。通过前测发现能够写出"特殊"两字的学生只有10人，这10人中大部分写的是"正方形是特殊的长方形"，这是学生二年级已经学过的。全班四分之三的学生并不知道这三种图形之间的关系。 所以本节需要攻破这一难点，我们采取的方式是：以旧引新。让学生通过观察发现，长方形的特征正方形都符合，并且正方形还有四边相等这一特殊的特征，得出正方形是特殊的长方形。然后方法迁移，观察平行四边形和菱形的关系，以及长方形、正方形和平行四边形的关系。

以下是教学片段：

师：通过刚才剪、折、量、看，我们探究了平行四边形的特征：对边平行，对边相等，对角也相等。在这里，AD=BC、AB=CD，∠A=∠C，∠B=∠D。其实，剪、折、量、看这些方法是我们学习几何图形经常用到的方法。接下来请看大屏幕，你发现这些图形之间有什么关系？请你把它表述出来。如果谁用一句话表述出来，就很牛了。同学们，动脑比动手更重要，如果你有想法了，可以举手。

生：正方形是特殊的长方形。

师：你再解释一下，为什么正方形是特殊的长方形？观察表格，你来具体说一说。

生：它的四条边相等。

生：长方形是对边相等。正方形是方形的，其他两边也相等。

师：我们把这样相对的两条边叫作对边。正方形多了一个四条边都相等的特征。所以结论是——

生：正方形四边相等。

师：好，请坐。老师帮你们概括一下：长方形的特点，正方形都有，并且正方形还有一个自己独有的特点——

生：四边都相等。

师：所以我们的结论是——

生：正方形是特殊的长方形。

师：说得太好了。那么，平行四边形和菱形的关系是不是可以用刚才的方法解释呢？

生：平行四边形的特点菱形都有，而且多了一个四边相等。所以，得出的结论为菱形是特殊的平行四边形。

师：分析很到位，观察很仔细，结论很正确。掌声送给他。关于菱形、正方形、长方形、平行四边形的关系，我们到中学会探究。再仔细看长方形、正方形、平行四边形，它们之间有什么关系？不妨把刚才的方法迁移一下，谁来试着说。

生：正方形是特殊的长方形，长方形是特殊的平行四边形。

师：没错。那把它们三种图形联系起来，怎么说？

生：长方形的特点正方形全都具备。

生：长方形和平行四边形的特点正方形都有。所以，长方形和正方形是特殊的平行四边形。

师：你们听明白了吗？他说得非常正确。我们继续来看平行四边形的特点，长方形、正方形是不是都符合？

生：是。

师：那长方形作为特殊的平行四边形，还有没有自己的特征？

生：有。它四角相等。

师：正方形作为特殊的平行四边形，有自己独有的特征吗？

生：它四边相等，四角也相等。

师：所以我们可以说——

生：长方形、正方形是特殊的平行四边形。

师：你们都学得很好！我们还可以用集合图这样表示：长方形、正方形是特殊的平行四边形，正方形是特殊的长方形。

实践证明，在设计学习任务时要完善学习任务的表述，理清学习任务之间的关联。例如将学习任务1"你认识平行四边形以及它的特征吗?",改为两个小任务"什么是平行四边形?""平行四边形有什么特征?",将任务2"你能发现这些图形有什么关系吗?",改为"你发现这些图形有什么关系?请你把它表述出来"。这样简洁明了的任务表述不仅符合学生的语言特点,而且能让学生体会到学习任务不是简单的习题,而是挑战认知的问题,激发了学生的表现欲。在大思路统整下设计的四个任务构成一条主线,层层深入,任务与任务之间体现了层次性和开放性,有效地促进学生积极思维、充分表达和深入探究,进而达成预期目标(见图6-11)。

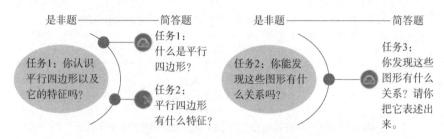

图 6-11 完善学习任务的表述

(五)案例分析与思考

1. 理清要素,确定双螺旋任务链

教师研读课标,分析教材,立足单元整体设计,以大思路统整课堂教学目标,从学段的横向、纵向间的联系到整册教材和单元教学的目标,灵活处理《平行四边形的认识》这一教学内容,理清了"四基"和"四能",为落实"知道平行四边形的定义和表示方法,认识平行四边形的特征,理解平行四边形与其他四边形之间的关系"这些目标的同时,还能发展几何直观、符号意识、推理能力和空间观念。我们设计了如下的双螺旋任务链以及任务属性表(见图6-12)。

本节课设计了四个大任务,这四个任务之间具有层层递进、相互支撑的逻辑关系,任务1是任务2、任务3、任务4的基础,任务4的完成一定需要前3个任务的支撑。任务1主要体现的逻辑关系是:归纳(从特殊到一般)。学生从一开始的9个平行四边形入手,通过观察四边形的边的特点逐步概括总结出平行四边形的定义。任务2、任务3主要体现了演绎(一般到特殊)这一逻辑关系。学生根据总结出来的平行四边形的特点再次进行分析,得出三种图形之间

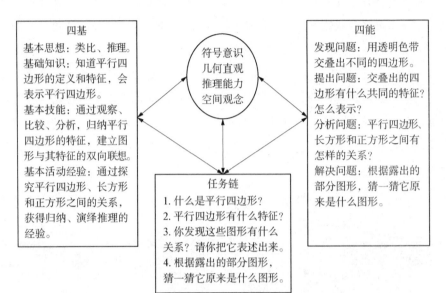

图6-12 《平行四边形的认识》双螺旋任务链可视化图示

表6-9 《平行四边形的认识》任务属性表

《平行四边形的认识》任务属性表			
课题:《平行四边形的认识》			
教学目标: 1. 知道平行四边形的定义和表示方法,发展几何直观和符号意识。 2. 通过观察、比较、分析,归纳平行四边形的特征,建立图形与其特征的双向联想。 3. 理解平行四边形、长方形、正方形三种图形之间"一般"与"特殊"的关系,提高发现问题、分析问题和推理的能力。 4. 初步形成仔细观察图形、有序动手操作的良好习惯,在学习过程中获得成功体验,提高抽象思维能力和解决问题的能力,发展空间观念。			
任务1	**什么是平行四边形?**		
任务目标 (包含核心素养)	知道平行四边形的定义,会表示平行四边形,在操作、观察、对比中发展几何直观和符号意识。		
任务步骤	任务类型	学习方式	评价方式

任务1	什么是平行四边形？			
1.1 请你用透明色带两两组合，尽可能多地交叠出不同的四边形。 1.2 请你用自己的语言说说什么是平行四边形。 1.3 平行四边形该怎么表示？它有哪些组成部分？	☑情境性 ☑操作性 □探究性 □综合性	☑自主 □合作	□口头评价 □纸笔测试 □表现性评价 ☑交流评价	

任务2	平行四边形有什么特征？			
任务目标 （包含核心素养）	1. 能说出交叠出的四边形的边的特点，发展几何直观。 2. 能通过测量、折、重叠等方法验证平行四边形的特征。			
任务步骤	任务类型	学习方式	评价方式	
2.1 分类。 2.2 猜一猜平行四边形和菱形有什么特征。 2.3 验证刚才的猜想是否正确。	□情境性 ☑操作性 ☑探究性 □综合性	□自主 ☑合作	☑口头评价 □纸笔测试 □表现性评价 □交流评价	

任务3	你发现这些图形有什么关系？请你把它表述出来。			
任务目标 （包含核心素养）	理解平行四边形、长方形、正方形三种图形之间"一般"与"特殊"的关系，提高发现问题、分析问题和推理的能力。			
任务步骤	任务类型	学习方式	评价方式	
3.1 独立思考，填写学习单。 3.2 汇报交流。（图形或语言）	□情境性 ☑操作性 ☑探究性 □综合性	☑自主 ☑合作	□口头评价 □纸笔测试 ☑表现性评价 ☑交流评价	

任务4	根据露出的部分图形，猜一猜它原来是什么图形。			
任务目标 （包含核心素养）	1. 能根据所给提示做出合理猜测，并简单说明原因。 2. 通过分析，提高解决有关图形的实际问题，发展空间观念。			
任务步骤	任务类型	学习方式	评价方式	

任务 4	根据露出的部分图形，猜一猜它原来是什么图形。			
4.1　出示两个被遮挡的图形。 4.2　猜一猜它原来是什么图形。	☑情境性 □操作性 □探究性 ☑综合性	☑自主 □合作	□口头评价 ☑纸笔测试 □表现性评价 □交流评价

的相互关系。任务 4 则是本节课的综合应用部分，体现了推理逻辑的建构。学生根据老师提供的信息猜测图形原来的样子，既有归纳逻辑思维，又有演绎逻辑思维。

2. 立足实际，设计学习任务

好的学习任务并非一蹴而就，需要在实践、反思中不断打磨。此次案例中的任务设计，经历了"明晰逻辑思维内涵—完善逻辑思维建构"两次课堂教学的改进历程。实践证明，教师在精准分析学情、全面把握教材的基础上，确定适切目标、科学合理、表述清晰的学习任务后，学生的学习也不再盲目，他们能有序地在任务的驱动下进行探究学习，提升归纳推理和演绎推理的逻辑思维能力，增强逻辑思维的开阔性和深刻性。

逻辑思维是数学思维的核心部分，也是学生思考的基础、运用数学知识解决问题的基础，因此，我们在设计学习任务的过程中尤为关注逻辑性。为了让学习任务更好地助力提升学习品质，我们认为在设计任务时要关注以下几点：

（1）有逻辑的设计，可以使学习目标更加聚焦

学习任务再认识。首先，学习任务是带给学生一种认知上的挑战的系列问题，有助于学生在头脑里将新信息组织到他们已有的知识体系中，进行知识的再建构。其次，学习任务的数量不宜过多，重在体现层次性和开放性。设计任务是一种大思路统整，主线清晰。一节课的学习任务设计 3 到 5 个足矣。最后，任务表述要站在学生立场，以儿童的语言为基础，表达简洁明了。

学习任务相关联。一节课中的各个学习任务，不是孤立静止的，而是有关联性的，它们之间有内在联系，每一个学习任务由若干个小问题支撑，由浅入深、层层递进。小问题组成学习任务，学习任务之间构成一条主线，学生在完

成任务中逐步达成预期目标。

（2）有逻辑的驱动，可以让学科本质更加凸显

小学数学几何图形概念是小学数学概念教学中的重要内容之一，也是学生学习的难点。对于图形的认识，学生一般要经历了解图形的含义，到认识图形的特征，再到深化图形的概念三个过程。我们实践的"归纳—演绎—推理"的教学方式能够有效地进行任务驱动教学，它适用于小学数学的几何图形的概念课。

归纳式的任务驱动。它适用于几何图形的定义理解。教师在教学中可以出示一些图形，让学生先直观观察，再进行比较、分析，形成表象，从而得到几何图形的定义，也就是经历从特殊到一般的归纳的逻辑思维。

演绎式的任务驱动。在认识了图形的定义后，学生探究这类图形特征和关系时，通过"摸、剪、拼、折"等探究活动，在动手、动脑等亲身经历中加深对图形的认识，从而进行分析、推理，推导出这一类图形的特征，经历从一般到特殊的演绎的逻辑思维。

推理式的任务驱动。在全面观察和动手操作以后，学生对几何概念有了一个初步的理解。为了把知识转化成技能，形成能力，老师精心设计综合性的学习任务，开拓学生思路，增强学生的逻辑推理能力和空间观念，培养融归纳和演绎为一体的双向性的逻辑推理能力。

（3）有逻辑的经历，可以让学习过程更具结构

儿童是一个寻求连贯性的意义建构者。教师设计特定的任务，在为儿童提供恰当的工具，帮助儿童调整原有的理解或者建构新的、更加可行的解释时，又介入儿童当前的理解。

学生在任务驱动的学习中改变了学习方式，学习兴趣更加浓厚，探究合作更有条理，学习思维更有逻辑。学生能自觉地把新旧知识和技能进行联结，建构新的知识体系，学习体现了过程性和深刻性。

3. 任务驱动，提升学习品质

（1）在分享交流中激发学生"表达美"

每个孩子都有表现欲，教师要尽量搭建平台，创造机会让学生表达内心想法，展示学习成果。设计生动有趣的活动任务能引导学生发现问题、提出问题，

调动学生解决问题的积极性，促进学生认真倾听，规范表达以及主动展示。

基于学生已有的知识经验和操作能力，本节课首先设计了任务1"什么是平行四边形?"。教师先鼓励学生独立尝试用透明色带两两组合，尽可能多地交叠出不同的四边形，再组织学生展示交叠出的不同情况，并试着用自己的语言介绍是怎样交叠的，交叠出的四边形有什么共同的特征。在交流分享中，学生不仅能专注倾听同伴的发言，积极做出补充，还能根据教师的评价和手势，运用规范的数学语言表达想法。在教师提出问题"你能用自己的语言说说什么是平行四边形吗?"后，学生纷纷举手，表达的意愿更加强烈。大多数学生能结合课件上呈现的学生交叠出的图形，运用较规范的数学语言清晰地表达出他们眼中的平行四边形。在学生归纳后，教师及时组织学生一边看图形一边大声朗读"像这样两组对边分别平行的四边形叫作平行四边形"。无疑，学生有条理地清晰完整地阐述观点或表述新概念，已然达到对知识的深层次理解。

"平行四边形该怎样表示? 它有哪些组成部分?"此问题一出，学生便快速迁移已学的方法：三角形可以用"△"表示，那么平行四边形就可以用这样的"▱"表示，再用大写字母（A、B、C、D）分别表示平行四边形的顶点，就可以用来标识平行四边形。如此表示既简洁又直观，学生的符号意识在无形中得以发展。

(2) 于探究学习中彰显学生"探究美"

数学学习是学生对数学知识自我建构的过程。教师的首要任务是根据学生的最近发展区，精心设计任务，让学生在任务驱动下最大程度地进行主动思考、自主探究，促进学生持续深入的学习，在持续探究和评价反思中，理解基础知识，掌握基本技能，灵活运用数学的思想与方法，获得数学学习的基本活动经验。

本节课主要设计了两个探究性任务：任务2"平行四边形有什么特征?"，任务3"你发现这些图形有什么关系? 请你把它表述出来"。学生观察、发现、提炼平行四边形的特征，投入探究学习中。教师以"探究图形的特征一般从哪入手"这一问题引发学生积极思考，学生根据以往探究图形特征的思路，聚焦"边和角"展开研究，进而进行了测量、对折、旋转、重叠等操作。学生专注进行问题探究，并运用分析、创造等高阶思维参与学习任务。学生亲历操作与体验是获取知识的重要途径。任务3是较高层次的问题，意在对学习过程中习得的方法迅速总结、掌握、理解并进行合理迁移。它引导学生开启创造性的思维活动，促使学生对获取的新知进行归纳、整理，并用自己的方式表达，有的用文字表述，有的图示呈现，该任务培养了学生分析问题和推理的能力。

（3）于问题解决中培养学生"思维美"

"学起于思，思源于疑。"思维从问题开始。好的问题能激发学生的学习动机，引发学生的积极思考，拓展学生的思考方向，提高学生的思维层次。综合性的任务关注知识的结构，促使学生将零散的知识进行联结，灵活地从知识结构体系中寻找所需的知识，让学生在猜测、说理的过程中，掌握核心概念，内化数学思维，体会到运用数学知识解决问题的乐趣。

任务4"根据露出的部分图形，猜一猜它原来是什么图形"，意在检验学生能否掌握本课的基本核心概念，并进行综合运用，让学生感悟"部分与整体"的关系，使学生加深对知识的理解，帮助学生提高理解与迁移能力（见图6-13）。

图6-13 《平行四边形的认识》任务4

数学学习旨在培养学生综合运用知识的能力。在解决问题的过程中，学生积极思考，主动从知识结构体系中迅速找到相关四边形、平行、垂直等相关知识。学生先是根据左图露出的部分，产生诸多联想：长方形、正方形、直角三角形等。在交流中，大多数学生能给出有理有据的解释说明，学生在潜移默化中获得了合情推理的能力。当出示右图后，学生在猜测左图的启发下，进行了更加大胆的猜想。他们根据已有的两条平行线，推断它可能是长方形、正方形、一般的四边形，也有可能是五边形、六边形等，还有学生说可能是两条平行线。该任务是具有开放性的，意在培养学生的发散思维，发展学生的空间观念。

不言而喻，富有逻辑性的任务能够最大程度地激发学生的学习兴趣，挖掘学生潜在的思维能力。在任务驱动学习的过程中，学生能积极运用比较、分析、综合、抽象、概括、判断等方式进行思考、讨论和表达。更值得一提的是，在任务驱动下，学习方式的改变直接影响了学生学习的参与度和投入度，教师语言的条理性、完整性正向地影响了学生的表达方式，任务设计的层次性、结构性无痕地引导了学生的思维方式，学习任务的逻辑性和开放性有效地提升了学生的探究能力。学习任务是学习的支架，我们认为唯有精心打磨学习任务，才能夯实"四基"，发展"四能"，落实"三会"，助力提升学习品质，实现数学核心素养落地。

四、 任务链的实践成效

双螺旋任务链以任务为载体，以学生为中心，在任务实施的过程中，学生通过自主探究、合作交流等学习方式，提高了学习能力，提升了思维品质，发展了核心素养。

（一） 实施任务驱动，助推深度学习

教师通过深入研读教材，明确教学目标，设计富有挑战性的双螺旋任务链。任务链驱动教学引导学生注重知识的理解和迁移、批判与创造，为学生将已有的知识在新的问题情境中迁移应用、解决同类问题提供了思维的方法和路径，帮助学生理解核心知识，促进学生深度学习。

（二） 明确评价标准，促进教学评一致性

新课标理念下的教学评价要以核心素养为基本导向，要注重教学评价标准与学业质量标准的一致性、教学评价结果与核心素养发展目标的一致。制定科学合理的评价标准对教学评价具有关键作用，教学评价指标要体现从对"教"的评价转向对"学"的评价，学生学习品质评价标准的确立，也为教学任务的设计提供了重要的指标，同时根据对教学评价结果的分析对教学任务进行改进，从而促进教学评一致性，促进学生的发展。

（三） 提升学生品质，实现核心素养落地

新课标依据学生终身发展和社会需要，以加强正确价值观引导、重视必备品格和关键能力培育为目标，提出了义务教育数学课程需要培养的"三会"核心素养。学生"想学、乐学、会学"的学习品质指向核心素养。在新课标理念下的数学课堂，要以学生为本，设计富有逻辑性的任务链，关注学生行为，提升学生的学习品质，从重结果的教育过渡到重过程的教育，从浅层的知识教育走向深度的思维教育，既要关注基础，也要关注过程，关注思维，关注情感，关注素养，促进学生全面、持续、和谐发展，促进核心素养落地。

（撰稿人：李娟　沈颖新　吉莉）

后记

历经多年的项目研究与整整一年的成果梳理和案例撰写，在迷茫与辛苦之余，我们欣喜地看到了研究的硕果——《任务驱动与学科实践》一书付梓。

这是教师教学实践的一部实录，凝结着我们参与研究的项目组成员和实施教学的全体教师的智慧与汗水，是我们参与"品质课堂"的心路历程与写照，是我们践行"品质教育"留下的珍贵足迹。

多年来，学校以学习品质培育为切入点，打造"品质课堂"，从生态的视角，深耕教与学的结构关系，推动课堂转型。课堂教学是良好学习品质培养的重要途径。在对调研数据进行分析的基础上，我们主张为素养而教。核心素养是教学的出发点，为素养而教意味着要根据核心素养的要求选择和组织学科知识，并根据核心素养形成的规律设计和开展教学活动。核心素养是教学的落脚点，是检验教学效果的根本标准，教学要借助和通过学习任务、学习活动的整合去落实核心素养的生成。

因此，以核心素养为导向的教学是指向学习品质提升的课堂实践的内涵。我们以"任务驱动"这一要素为落脚点，以学生的学习品质提升为目的，关注学生主体地位，设计学习历程，通过提供采取多样化学习方式，支持解决富有挑战性的学习任务，展示学习成果，促成自我反思。在教师引领下，学生围绕具有挑战性的学习任务，全身心积极参与、体验成功，从而获得了有意义的学习历程。

本书在编撰的过程中，得到上海市教育科学研究院杨四耕老师的悉心指导。杨老师精心策划编撰思路，并多次现场指导撰写和组织修改。在此，我们向杨老师表示最诚挚的感谢！

由于我们的研究水平有限，筹备时间仓促，本书必然存在着不少错漏和不完善之处，敬请教正。

上海同济黄渡小学　全体成员

"品质课程"阅读书目

学校整体课程规划
学校整体课程规划的七个关键
教学诠释学

📖 特色学校聚焦丛书

让个性自然发荣滋长:"引发教育"的理论寻源与实践探索
面向每一个生命的教育
让每一个生命澄澈明亮:"小水滴"课程的旨趣与创意
新劳动教育:时代意蕴与实践创新
自信教育与个性生长

📖 跨学科课程丛书

像博士一样探究:PHD 课程的创意与探索

📖 核心素养导向的课堂教学丛书

深度教学的内在维度:数学反思性学习的六个策略
具身学习的 18 种实践范式
课堂是照亮彼此的地方
以学习为中心的课堂范型
简练语文:教学主张与实践智慧
课堂核心素养

📖 特色课程建设丛书

幼儿园特色课程的框架与实施
课程是鲜活的:"大视野课程"的旨趣与活性
指向核心素养培育的学校课程图谱
让儿童生活在美的世界里:幼儿园全景美育的课程探索
核心素养与学习需求:学校课程建设导引
儿童自然探索课程

📖 课堂教学新样态丛书

课堂,与美最近的距离:基于学科核心素养的课堂教学变革
协同教学:意蕴与智慧
决胜课堂 28 招

一百个孩子，一百个世界：基于差异的教学变革
课堂如诗："雅美课堂"的姿态
在教室里眺望世界：基于 BYOD 的教学方式变革
课堂教学的资源设计与方式变革
境脉教学的实践范式与创意设计
任务驱动与学科实践

📖 学校课程变革新取向丛书

平衡性变革：学校课程建设新取向
解构性变革：学校课程发展的突破口
赋权性变革：提升学科领导力
整合性变革：特色学科的内在生长
内生性变革：学科课程的生成机理
审美性变革：学校课程的诗意境界
协商性变革：基于集体审议的课程变革
扎根性变革：学校课程发展的文化路径

📖 课程育人新坐标丛书

学校课程的统整之道
教室里的课程
儿童立场的课程探索
童味园课程：这里有最难忘的童年
具身课程：语文学科课程新样态
让每一个孩子体验创新的激情："智慧树课程"的探索与实践
境脉学习：英语课程实施新取向
美学取向的课程探究
学科实践：语文素养的致获
全景化劳动：面向儿童的劳动课程
在结构与解构之间：数学学科课程设计
特需课程：个性化学科课程设计

📖 学校整体课程探索丛书

学校整体课程的文化逻辑
学校整体课程的深度实施
学校整体课程的系统设计

📖 课程治理新范式丛书

以学生为中心的教育治理